青少年

心理健康与调适

——家校协同预防及干预

蔡 雷 孙治英◎主编

海豚出版社
DOLPHIN BOOKS
CICG 中国国际传播集团

图书在版编目（CIP）数据

青少年心理健康与调适：家校协同预防及干预 / 蔡雷，孙治英主编. -- 北京：海豚出版社，2025. 4.
ISBN 978-7-5110-7386-0

Ⅰ. G444

中国国家版本馆CIP数据核字第2025XT6966号

青少年心理健康与调适——家校协同预防及干预

蔡　雷　孙治英　主编

出 版 人：王　磊
责任编辑：张　镛
封面设计：七星博纳
责任印制：蔡　丽
法律顾问：北京市君泽君律师事务所　马慧娟　刘爱珍
出　　版：海豚出版社
地　　址：北京市西城区百万庄大街24号　　邮　　编：100037
电　　话：010-68325006（销售）　010-68996147（总编室）
印　　刷：三河市同力彩印有限公司
经　　销：全国新华书店及网络书店
开　　本：16 开（787毫米 × 1092毫米）
印　　张：15.25
字　　数：245千
版　　次：2025年4月第1版　2025年4月第1次印刷
标准书号：ISBN 978-7-5110-7386-0
定　　价：78.00元

本书编委会

序　言

良好的心理素质是人的全面素质中的重要组成部分。心理健康教育是提高中学生心理素质的教育，是实施素质教育的重要内容。中学生正处于身心发展的重要时期。随着生理、心理的发育和发展，社会阅历的扩展及思维方式的变化，特别是社会竞争压力的增大，他们在学习、人际交往、升学就业和自我意识等方面，会遇到各种各样的心理困惑。在这种情形下，开展中学生心理健康教育，不仅符合社会和时代发展的需要，是对传统学校教育的重要补充，也符合学生全面发展、实施素质教育的需要，对提高中学生心理素质及培养其健全人格，具有十分重要的意义。

社会参与学校教育是当今世界教育发展的一个重要趋势，而在社会参与的力量中，家庭对中学生的成长最为重要。家庭教育是学生在其人生道路上所接受的一切教育的基础，家长是否能有效地协同学校对学生进行心理健康教育，直接决定了学校心理健康教育的效果。中学生正处于自我意识觉醒、身心骤变、独立与依附并存的矛盾时期。尤其是新型冠状病毒爆发前后，国内外形势趋于紧张，生产生活受到影响，潜在地影响了社会群体中的每一个人。中学生作为一个数量庞大、自我调节能力较差、容易出现情绪困扰的群体，在心理健康方面受到了很大的影响。中学生心理问题呈上升趋势，心理韧性不足，抗挫折能力差、焦虑、抑郁、双相情感障碍检出率高，心理危机时有发生。心理健康教育工作有着较强的专业性，仅靠学校专职心理教师开展心理健康教育不能从根本上解决问题，已经无法满足中学生及其家长日益增长的需求。因此，迫切需要建立完善的家校协同视域下学生心理健康问题的预防及干预机制。值得庆幸的是，随着“双减”政策的颁布，《2022年政府工作报告》已提出健全学校、家庭、社区协同育人机制，同年，《中华人民共和国家庭教育促进法》开始实施，教育部等十七部门出台了《全面加强和改进新时代学生心理健康工作专项行动计划（2023—2025年）》，北京市教育委员会印发《关于全面加强和改进新时代中小学校学生心理健康工作行动计划（2023—2025年）》，可以让教师充分了解学生的心理情况，解决学生的心理问题，让学生以积极乐观的心态面对生活、学习上的困难，引导学生主动寻找解决问题的正确办法，使学生形成良好的精神品质，营造健康的校园风气，实现学校对学生的心理辅导。中学生心理健康教育、家庭教育的重要性不言而喻。因此建立完善的家校协同视域下学生心理健康问题的预防及干预机制势在必行。家校共育协同发展，是为了更好地发挥家庭和学校的优势，用家庭教育的优势来弥补学校心理健康教育的不足，让学校心理健康教育指导家庭教育，即双方优势互补，能帮助实现学校心理健康教育的最优化。

对学生来说，心理健康是最基本、最核心的，学生只有心理健康了，才能满怀激情地投入学习和生活。我校是全国心理健康示范校，学校系统的心理健康课程和丰富多彩的心理健康活动的设置，促进了学生良好心理素质的养成、健全人格的发展。越来越多的学生、家长意识到了心理健康的重要性，在出现心理问题之后开始走进学校心理健康教育中心寻求专职心理教师的帮助，在不断暴露自我和剖析自我中认识自我、调节自我，从而悦纳自我及他人，最终达到了心理的平衡。

经过多年的咨询实践，我们申报了“十四五”北京市教育学会科研课题《家校协同视域下学生心理健康问题的预防及干预的研究——以我校高一学生为例》，并且开展了一系列卓有成效的探索。本书就是该项目的研究成果之一。

本书由我校学生心理咨询综合性案例报告整理而成，分为“家长篇”和“学生篇”。家长篇，紧紧围绕“案例—分析—建议”编写，有助于家长更好地了解孩子在特定阶段的行为和情绪表现，从而采取更恰当的应对方式。案例中孩子的经历和感受能让家长走进孩子的内心，体会他们的喜怒哀乐，及时给予孩子关心和支持。案例提供了丰富的信息和启示，以帮助家长更好地了解孩子、应对问题、预防风险、促进孩子心理健康成长。学生篇，内容丰富、涉及面广，包括学生入学适应不良、学习、人际交往、情绪、恋爱与性心理、择业等常见的心理问题，以及焦虑性神经症、强迫性神经症、双相情感障碍等异常心理问题。全书结构相对统一、文风生动。学生篇中案例基本以“来访者基本情况—来访者自述—辅导过程—辅导效果与反思”为主线呈现，所选案例具有真实性、典型性和生动性等特点，大大减少了阅读的沉闷、单调感，心理咨询处理具有专业性、启发性和针对性等特点，可有效提高读者阅读的动机、兴趣等。

本书编写团队成员均为我校一线教师，他们扎根教育教学实践，深谙青少年成长的特点与需求。其中，既有荣获国家二级、三级心理咨询师证书的专职心理教师，他们凭借专业的心理学知识和丰富的咨询经验，长期守护着学生的心灵健康；也有兼职心理教师，他们活跃在学科与班级管理一线，对学生的心理动态有着敏锐的洞察。

各位执笔老师在撰写案例报告时，既注意从理论的高层次上着眼，又注意行文的艺术性和可读性；既注意勾画出案例当事人的精神世界变化，又注意展示心理咨询师内心的思考和价值观念，以及他们各自把握的心理援助的方向性。阅读本书中的案例报告，读者可以看到多种多样的心理咨询流派的理论技术、处理形式及咨询态度，也可以看到老师们与咨询者一起成长，同他们建立良好的人际援助关系，积极地成为咨询者心理旅程上的“援助伴侣”。

本书可供广大的心理学爱好者、在校的学生或从事心理咨询专业的工作人员阅读参考，帮助从事学生教育的教师提高对案例的分析和处理能力，提供解决问题的思路和经验借鉴，进而达到提高心理咨询实战技能的目的。

本书可作为大学心理系本科生以及临床心理学、心理咨询理论专业研究生的辅助教材，也可作为学校心理辅导教师持证上岗、师资培训的教学研修资料。

在本书编写过程中，学校领导高度重视，全力支持，各执笔老师认真撰写与核稿，确保了本书顺利完成。在此，对校领导和全体编委表示深深的谢意！

海豚出版社的编辑同志，非常关心本书的撰写、编辑工作，并为本书的编辑工作付出了大量的心血，在此谨致以深切的谢意。

孙治英

2024年9月10日于北京宏志中学

目　录

家长篇（孙治英）

学生篇

家长篇

（孙治英）

聪明父母看透不说透，平和心态有助于考生减压

女儿今年上高三，性格比较内向，每天写完作业就开始复习，也不用家长督促，晚上基本都在 12 点以后才睡觉。孩子已经把所有可利用的时间都用上了，但为什么学习成绩还没提高？目前，距高考还有 100 多天，各类测验、考试众多，孩子面对高考很有压力，做家长的看在眼里，急在心里，有时不经意间就会唠叨孩子，一向文静的她会冲我发火。遇到这种情况，我该怎么办？我该怎样帮孩子减轻心理压力？

分　析

距高考还有 100 多天，考生的心理紧张程度会随着考试时间的临近明显增强。有的考生升学愿望强烈，急于提高成绩，结果欲速则不达，进而产生焦虑、浮躁的心理情绪。这种心理在成绩中等的考生中表现得较为突出，学生会因成绩有波动，静不下心来，导致学习动力不足，学习效果受到影响；有部分学生呈现出寂寞的心态，渴望与父母、老师、同学交流，希望从他人那里获得安慰、同情和鼓励，表现形式为渴望放假，喜欢回家看电视或独自躲在房间里。进入高三，测验、考试多了，孩子有时会将焦躁不安的情绪转

嫁给家长，因此在这里有必要提醒父母：别操之过急。父母要保持良好的心态，切不可因孩子的一次考试失利，自己先乱了阵脚。高考近在眼前，孩子们勇敢面对，很坚强。因此，作为父母要冷静、客观，不要患得患失。在迎战高考的过程中，孩子最需要的莫过于一个宽松、舒适的家庭氛围。

建议

这段时间，孩子可能会有一些焦虑情绪，家长不要流露出过分的关注和担忧，这样容易使孩子的焦虑扩大而形成压力。父母的情绪会影响孩子。父母要调整好心态，努力营造一个温馨的家庭氛围，避免制造紧张压抑的氛围。聪明的父母懂得“看透不说透”——和孩子保持一种心照不宣的沟通。多些隐性关心，不要唠叨；许多关心的事要做，但不要说，心里焦急也不要表现出来。

缓释孩子心理压力——不帮倒忙、不添乱，家长的期望值宁可低些也不要太高。

父母平时要多发掘孩子的优点，给予他们赞美和肯定，要为孩子打气，不要让孩子单独面对压力，让他知道全家人都和他在一起，从而以乐观的态度面对问题。父母要鼓励孩子和同学一起温习功课，相互讨论、切磋，这样可以事半功倍。当孩子情绪有变化时，父母要帮助他们树立信心，战胜暂时的困难。

家长也要放松心情，利用空余时间陪孩子到户外走走，呼吸一下新鲜空气，比如到公园散步、做些有益身心的运动。这对缓解考生的心理压力、提高他们的学习效率大有好处。

父母对孩子的期望值要适度

案 例

我儿子在一所示范高中上学，平时学习非常刻苦，学习成绩在年级属中上等水平。今年 8 月，我妻子的同事因孩子考上了清华大学，请我们全家吃饭。在饭桌上，我们聊起了今年的高考形势及大学生毕业后的就业竞争压力等。大家一致认为现在考大学已经不是什么难事了，要考就要考重点大学。回到家里，我们全家开了个紧急家庭会议，妻子拿出 2 万元钱，让我给孩子报一对一的辅导班，并和儿子说：“今年你上高三，咱们全家要不惜一切代价，全力以赴地保证你考上重点大学。如果你考不上重点大学，父母的脸可就没地儿搁了！”听完这番话，儿子当时就火了，说：“人家的孩子考上清华，我就一定要考北大吗？我根本就不是那块料，你们谁爱考谁考去……”人们都说考场如战场，我们当家长的已经做好了充分准备，为什么孩子却是这种态度呢？

分 析

目前，北京市高考录取率已超过 80%，示范高中的录取率也不断攀升再创新高。看似宽松的升学环境背后，实则暗藏激烈的优质教育资源竞争，这也要求家长们在为孩子规划未来时，需审慎调整期望值，避免过度施压。从录取数据本质来看，高录取率更多反映的是教育普及程度的提升，而示范高中、重点大学等优质教育资源的竞争依然激烈。若家长单纯以高录取率为参照，盲目提高对孩子的学业期待，将孩子的目标简单锚定在示范高中或顶尖学府，就可能忽视孩子的个体差异与实际能力。每个孩子的学习节奏、天赋特长、兴趣方向各不相同，强行设定过高目标，容易让孩子陷入焦虑与自我怀疑，甚至产生厌学情绪，反而影响正常学习状态和心理健康。

建 议

家长要帮助孩子对孩子的学习水平进行实事求是的评估，既不要盲目乐观，也不要过分低估，最好使自己的孩子处于自信而不自满的心理状态。学习水平的提高有一个循序渐进的过程，家长对子女的期望值必须合情合理，不高不低。家长期望值过高，是考生形成考试焦虑的重要原因。

在确定期望值方面，家长要把握一个良好的尺度，做到这点很重要也很不容易。为什么这么说呢？因为家长往往会受自己的理想影响把期望值定得过高，一旦最后得到的结果没有预期的好，或者说离自己所想象的结果有差距，就会导致家长心情低落，进而影响到孩子。

因此我们在做每一件事前，不要把目标、期望值定得过高，一定要把各种不利因素充分地考虑进去，要留有一定的余地。这样，不论结果怎样，自己都可以承受，因为事先都考虑过这些问题，而且，还可能会发现未曾发现的好的方面，得到意外收获。

社会需要多层次、多类型的人才，如果对孩子的要求脱离了孩子的实际，一味盲目攀比，对孩子提出过高要求，到头来家长只会感受失落的痛苦和更大的心理失衡。家长的期望值越高，孩子在学习上所面临的困难和遭受挫折的可能性就越大。因此，在孩子刚进入高三的日子里，家长要保持平和的心态，对孩子保持合理期望，和孩子一起度过这紧张而又充满挑战的高考之年。

父母请把志愿决定权还给孩子

我们夫妇俩都是医生，希望孩子也能成为一名医生，但女儿对医生这个职业不感兴趣，她喜欢外语，英语口语水平较高，她和我们说想上一所外语类大学，将来从事英语语言方面的工作。但我们都认为，医生职业稳定、收入可观，子承父业是天经地义的事情，而且女儿在高三第一次模拟考试（简称“一模”）中得了563分，应该能上一所不错的医科大学。语言方面的工作肯定没有医生工作稳定，而且现在社会竞争这么激烈，还是学一门专业技术实在一些……就要填报志愿了，近来我们家庭会议讨论的话题基本上是去哪所学校，一提到学医，孩子就会极力反对。孩子说，因为工作的关系，我们从小无暇照顾她，整天和病人打交道，家里和医院的味道差不多，她很不喜欢这个职业。我们与孩子在填报志愿的问题上分歧很大，该怎么办？

分　析

2024年6月27日—7月26日是北京考生网上填报志愿的时间，有人说“高考考的是学生，填报志愿从某种程度上说考的就是父母”。

每对父母都希望自己的孩子能考上大学，而且最好能进名牌大学读书。这种愿望会在孩子填报志愿时充分表露。有些父母还固执得有些过分，仅凭自己的认知决定考生的志愿，忽略孩子的兴趣、爱好，导致自身与孩子之间在填报志愿的问题上分歧很大，给孩子造成了不小的压力。在填报志愿的整个过程中，父母的角色定位是参谋，应该把填报志愿的决定权还给孩子。

高考决定着近千万考生的命运和前途。考入什么样的学校，上什么专业，将来从事什么样的工作，都是孩子自己的事情，上大学的是孩子，而不是父母。如果父母给报的专业孩子不喜欢，甚至一点兴趣都没有，将来上大学就容易陷入被动状态，表现为学习积极性不足等。

父母关心孩子的未来发展，并对志愿填报十分重视的心情完全是可以理解的，父母毕竟阅历丰富，有社会经验，把该说的话都说到，也完全应该，但是应充分尊重孩子自己的意见。

建 议

父母可与孩子一起科学评判考生高考实力。高考实力是以考生的校、区排名为基准评估，而不是某几次考试分数。高考志愿是孩子对未来职业生涯的第一步规划。这就需要家长与孩子一起去研究和选择适合孩子的高校和专业。因此，填报高考志愿既要考虑“分数”因素，也要考虑“非分数”因素，应选择孩子学业成绩相应量级的高校，在知己知彼方面做好充分的准备，把分数用好、用足，以避免风险。父母要摆正心态，冷静对待高考，客观对待上大学。不要给孩子加压，不要误导，不要好面子，不要攀比，不要包办。

填报志愿前，父母应与孩子所在班班主任或学校心理教师沟通，结合孩子的高考总分、单科成绩及在市区的位次，对孩子的成绩水平有清晰的认识，了解孩子在所在区的排名，认真研读招生政策，查阅高校招生章程，获取招生计划和历年录取数据，关注高校或招生机构组织的招生咨询会、线上咨询活动等，与招生老师进行面对面交流，咨询关于学校专业、录取政策等方面的问题，获取更直接、准确的信息。

父母可以根据孩子的成绩位次，兴趣爱好以及高校的招生要求等，先帮助孩子初步筛选出一批符合条件的院校，并将院校分为“冲一冲”的院校、“稳一稳”的院校、“保一保”的院校，让孩子在综合考虑各种因素的基础上，结合自己的发展规划和职业目标，最终确定要报考的院校和专业。

兴趣是最好的老师，家长要充分考虑孩子的兴趣爱好和特长。如果孩子对某个学科或领域有浓厚的兴趣，在选择专业时可以优先考虑相关方向。这样孩子在未来的学习和工作中会更有动力和热情。除了兴趣爱好，家长还要帮助孩子综合评估自己的能力和性格特点。

高考考生多已达到成人年龄，已具备一些思考和分析能力，但毕竟社会经验欠缺，会对人生抱有美好甚至不切实际的梦想，这需要家长予以适当引导。专业本身无所谓好坏，父母应在孩子实力允许的基础上充分考虑选择适合孩子的学科特长、性格特点和综合素质的专业。处理实力与兴趣关系问题，要以实力为基础，不能过分强调兴趣，过分强调兴趣很可能因为实力达不到而被淘汰。因此父母应多与孩子沟通，并且教导孩子树立长远的成才观念，引导孩子对自己的决定负责。

专业排序勿忘“五要点”：第一，要选择孩子的分数能“够得着”的专业；第二，所选专业是孩子喜欢或能接受的，至少是不反对的专业；第三，根据孩子所报的专业和学校往年录取分数从高分到低分排序；第四，将专业排序的初步方案向高校招生办咨询，并做必要调整；第五，填写“专业服从调剂”。

职业倾向测试可以辅助进行专业选择。美国心理学家霍兰德认为，大多数人的人格大致可以区分为6种类型，包括实用型、研究型、传统型、社会型、企业型、艺术型。各种人格类型有各自对应的人格、兴趣、价值观；而与人格类型相对应的职业，也有6种类型。父母也可以通过专业心理机构让您的孩子参加职业倾向测试，测试的结果可以给您的孩子一些选择专业上的参考意见。

父母要帮孩子平稳走出复习高原期

我女儿“一模”成绩不理想，分数掉到了往年本科一批（简称“一本”）录取分数线以下，因此产生了焦虑情绪。孩子说，她进入高三后，决心很大，每天不仅要完成老师安排的学习内容和作业，还要完成自己制订的复习计划。刚开始效果明显，学习成绩进步显著。可是，近一个月来，她发现压力越来越大，复习计划经常被搁置，答题速度也比别人慢，做其他城区的模拟试题也感觉越来越不顺手。尽管她仍努力抓紧时间学习，却越学越没信心，老是觉得时间不够用，容易分神，虽然整天忙忙碌碌，学习效率却在下降。距高考只有不到20天了，如果女儿继续这样的状态，成绩肯定不理想。我是看在眼里，急在心里，不知道用什么办法能帮女儿渡过难关。

分　析

不少考生在四五月份会出现一种奇怪的现象，就是在一段时间内学习效率上不去，甚至下降，头脑昏昏沉沉的。其实，出现这种情况就代表考生进入了人们常说的高考复习的高原期，这并不意味着考生的学习不能进步了。这种现象只是在高考复习过程中暂时出现的一种现象，考生只要调整好了，就会进入“柳暗花明又一村”的境界。

进入高考复习高原期的原因因人而异，总的来说有三个重要原因：

第一，一部分考生在高三下学期开始进入冲刺阶段，冲得太猛，挑灯夜战，夜以继日地复习，导致生理和心理疲劳。人在这种状态下会出现一种大脑功能下降的状态，即学习效率下降，学习成绩下降，感觉力不从心，班级排名止步不前，甚至倒退。

第二，考生的学习方法不适应学习内容需要。高考前的几个月，老师带着考生进行第二轮复习，主要是将各科的知识要点复习一遍。到了四五月份，复习主要是以建立知识体系为主，很多考生在这个时段里思维方式还没有完全转变过来，还是以上学期复习知识点的方式去对待，因而会产生各种不适应，感觉力不从心，效率下降。

第三，高考前的最后一个学期，大多数考生全身心投入复习，内务不整理，有的可能凌晨一两点还在看书，相互之间也难得交流，老师也可能只关注那些特别拔尖的考生，其他考生容易产生失落甚至淡漠感，这也是影响考生心情的外部因素。

建 议

在临近高考的这段日子里，父母除了在生活和饮食上关心孩子，更重要的是倾听孩子的心声，观察孩子情绪的变化，在学习上多鼓励孩子，帮助孩子调整好心态，督促孩子制订可行的复习计划，尽快调整生物钟，以饱满的热情冲刺高考。

1. 父母要心平气和

家长要以平和的心态对待孩子的弱点，衡量孩子在班级所处的位置，与孩子一起制订或调整学习计划，规划作息，保持情绪的稳定。家长即使心急如焚，对孩子的期望较高，外表也要表现得沉着冷静，不妨学做一只暖水瓶，内热外凉，以平常心去看待高考，想办法为孩子适度减压。家长要帮助孩子冷静平和地对待高考，告诉孩子不要太在意自己的状态，也不要暗示自己一定要考上什么大学，只要尽最大努力就行了。

2. 保持良好的沟通和交流

家长如果能够无条件尊重孩子，接纳孩子的现状，孩子就会有足够的安全感，也将能以更平和的心态投入复习和应考。现在孩子普遍很难与家长沟通，如果孩子不愿意交流或者家长不善于与孩子沟通，家长也可以尝试使用肢体语言或书信沟通，如适时拍拍肩膀、送去深情的眼神，真诚地表达“只要尽力就行了”。当孩子真切感受到父母的关爱、理解和支持后，其焦躁的情绪自然会缓解，自信心会增强，在高考中也会有更好的表现。

3. 监督孩子落实复习计划

在高考冲刺阶段，家长最好让孩子养成做事有计划的习惯，尤其是每天要复习语、数、外、选考科目功课。当孩子望着一大堆复习资料和需要记忆的知识点一筹莫展，甚至为自己的成绩总也上不去而感到焦虑或失眠时，家长要提醒孩子不要乱了阵脚。

每天晚上要孩子把明天要做的事情写下来，然后按部就班地落实。万一时间不够用，个别计划没完成也没关系，要提醒孩子分清主次，不要为了一门功课或因一道难题耗费过多时间，无暇顾及其他学科，从而顾此失彼。

4. 督促孩子注意休息

在备考冲刺阶段，除了完成学校的作业外，学生还要保证充分的自主复习时间，但不要学到太晚，一般应在晚 11 点半或 12 点以前睡觉。否则，生物钟打乱了，第二天上课无精打采、头昏脑胀，很难保证学习效率。这样死拼只能导致事倍功半，到头来非但成绩上不去，身体也会被拖垮，真是得不偿失。

5. 保证孩子健康

考前饮食关键是要做到营养平衡、荤素搭配合理，特别要注意饮食卫生，尽量别让孩子在外面就餐。提醒孩子不要暴饮暴食，不要过多地吃生冷食物，以免造成肠胃功能紊乱，影响身体健康和正常复习。

冲刺备考期间，家长晚上可以给孩子准备酸奶、水果之类好消化的食物补充体力和脑力消耗。家长的任务是保证孩子的健康，做好孩子的后勤工作。

高三学生家长尽快转变角色，助考生一臂之力

案例

我儿子是普通中学的一名高三学生，学习成绩中上等水平，平时酷爱体育运动，尤其是篮球和乒乓球，非常崇拜孙颖莎和王楚钦等大牌球星。今年暑假，正值法国巴黎召开奥运会，电视台每天会直播一些精彩的赛事，我看到孩子每天守在电视机旁看球赛，时间就这样一分一秒地溜走了，真是看在眼里，急在心里。要是在高一或高二，我还比较支持孩子适当地观看比赛或参加一些体育锻炼，但可能因为还有 20 来天孩子就将进入高三的学习了，这个假期对于孩子来讲非常重要。我看到孩子做学习以外的事就十分着急，但我又因为怕影响孩子心情而不敢表现出这份焦急。这种紧张的情绪积压在心里，让我近来精神恍惚，工作时经常出错，不知道怎么办才好，你能帮帮我吗？

分析

高三刚开始时，许多家长比较迷茫，心中无数，缺乏信心，因而对自己的小孩会更加关注和重视，很想帮助小孩做点什么，但又好像无从下手。既有较高的期望值，更少不了担心和焦虑，这是每个家长都会面临的实际情

况。尤其是这个暑假，对于所有即将步入高三的学生而言，将是他们实现复习备考跨越式发展的大好机会。如果学生能充分运用好暑假这段时间，意识到假期复习的重要性，结合自己的学习方法，做出详尽的学习计划，重在落实，就能抓住机会争取在高三这一年让学习成绩获得更大的上升空间。因此无论是对学生还是家长而言，这个假期都是至关重要的。许多家长生怕孩子在家不好好学习，功课落下了，导致一步赶不上、步步赶不上的后果。家长往往会按照自己的意志去办事，不顾孩子的实际情况，一味要求孩子抓紧时间，分秒必争，造成孩子身心疲惫，心态不好，学习效率不高，注意力不集中，记忆力下降等一系列问题，严重的会造成父母与子女之间出现隔阂、对立，甚至冲突。因此父母应尽快调整自己的角色，尽快地从焦躁不安、望子成龙心切、情绪不稳定、虚荣心上扬等不良的心理活动中解放出来；应尽快调整自己的角色：从单纯的“家长”角色调整为“家长＋朋友”的角色，既做家长，更成为孩子的朋友，心甘情愿做孩子心灵的守护者、当孩子的“密友”、做忠实的倾听者。

建　议

首先，家长是家校之间的沟通者，家长要保持和班主任、任课老师的正常沟通，了解老师对孩子的假期具体要求。只有在保持此类沟通的基础上，家长才有更多的发言权和与孩子进行进一步交流的基础。家长要充分认识到高考备考是孩子自己的事情，孩子复习功课的具体内容、进度，由孩子按老师的要求确定，绝大多数的家长对孩子的功课是不了解的，因此许多家长很难对孩子在具体的学科上给予指导，但帮助孩子改进学习方法是家长的应尽义务。因为很多学生多年来养成了一些不良的学习习惯，靠个人的意志力很难改变，这时需要家长来督促。对于自制力实在不好的考生，家长可让孩子自己拟好计划表之后签上自己的名字，贴在醒目的地方以时刻提醒他们；家长督促他们完成计划；完成之后给一点奖励，如与孩子一起观看奥运会精彩赛事，完不成则小小地自我惩罚一下。在家长的全方位督促之下，再没有恒心的考生也会把计划执行得很棒。

其次，家长要成为孩子的密友，做一名忠实的倾听者。高三这一年，家长不仅是孩子的父母，而且是孩子的朋友，关系很密切。在孩子高考准备过程中，心理有什么问题，家长要做到心中有数。家长平时在与孩子沟通时应注重方式方法，不是说教式的，而是商量式的、讨论式的，孩子自然而然就会接受父母的建议。要想和孩子沟通好，就要相互理解，相互体贴，就要进行换位思考，只要你们站在同一个立场上，就能够心平气和地进行交流和发表自己的看法。在与孩子沟通的过程中，应该以心换心，真诚对待，要创造机会允许和鼓励孩子把心里话说出来。在倾听的基础上再加以分析和判断，只有这样，家长才会获得孩子情况的真实信息，才能根据孩子的实际情况给出合理的引导和建议，帮助孩子克服困难，助考生一臂之力，考上自己理想的大学。

最后，家长是家庭学习环境和学习氛围的营造者。家长要为孩子创造一个舒适、安静、温馨的学习环境，要尽量设置一些有利于孩子心态平和的环境和条件，为小孩提供一个安静独立的空间进行自主学习。在孩子备考过程中，家长应尽量少会客，尽量不要频繁通电话，如果有重要的事情非打电话不可，应言简意赅。若正值奥运会，有很多精彩的赛事，针对孩子比较喜欢的比赛应和孩子一起观看，引导孩子在比赛的过程中不断地从孙颖莎、王楚钦等球星的身上学到奋勇拼搏、永不言败的精神。观看这些比赛对语文的写作是有好处的，但一定要掌握一个度，不能每场比赛都去看。家长不仅要让孩子有选择地观看比赛，自己也要以身作则，只有这样，才能使孩子能安下心来，注意力集中、有条不紊地进行复习。

高三学生家长如何与老师沟通

我儿子今年上高三，经过一段时间的适应，逐渐进入常规的高考第一轮复习阶段。第一轮复习主要是系统全面地掌握各学科知识，我的孩子自认为自己的实力比较强，回家跟我商量，觉得跟着老师的复习计划走，进度慢，自己想另起炉灶搞一套复习计划。我没有同意，我觉得高三年级的老师都是非常有经验的，第一轮的复习进度也是多年来老师经验的总结，如果不跟着老师安排的进度走，不能非常扎实地掌握各科的基础知识，但是我又没有办法说服我儿子，请问我该怎么办呢？

分　析

高三学生经过高三上学期的紧张复习，就要迎来高三一年当中一次非常重要的考试——高三上学期期末考试。这次考试在某种程度上能反映考生基础知识掌握的情况，是考生检验基础知识，并在此基础上提高学习成绩的一个关键环节。在这一个月的备考复习期间，家长应及时找班主任老师沟通，了解一下孩子在校的学习情况，哪些科目是孩子的强项，哪些科目是孩子的弱项，特别是对于成绩不理想的科目应该注意什么，怎样进一步提高，恳切地听取老师的意见。另外，家长要找任课老师多沟通，因为任课老师最了解复习进度。考生最主要的复习场所其实依然是在学校课堂，一切复习工作也只有与学校的复习进度相协调才会事半功倍。而把握复习进度的就是孩子的任课老师，他们不仅要确保学生的复习进度与质量，而且非常清楚考生在每个阶段该做什么，不该做什么。家长在这方面却是外行。从任课老师或班主任那里了解完情况后，家长可以针对孩子的实际情况，为孩子量身打造适合孩子备考复习的学习计划，有些不好说的话，请任课老师与孩子沟通，孩子只会觉得自己很受老师关注，证明自己在老师的心目中处于很重要的位置，因而可能欣然接受。这可以有效帮助孩子在备考过程中扬长避短，找到一条快速提高成绩的捷径。

建 议

通过与老师沟通，也可以无形中赢得老师对孩子更多的关注，因此家长们要增强与老师沟通的意识，积极主动地与老师进行沟通。那么，我们究竟该如何与孩子的老师进行沟通呢？我建议家长从以下几个方面进行沟通：

第一，向老师询问孩子的备考状态如何。要知道，孩子的备考状态直接说明了备考的效果。在高三这样一个敏感的时期，孩子的任何细小的变化，老师都会感受得到。而这点恰恰是家长很难做到的。所以，家长首先就是要与任课老师沟通，了解自己的孩子有没有异常的举动。

第二，向老师了解孩子在学校期间的心态变化。要知道，孩子的心态会经常发生变化，但孩子白天在学校里学习，复习功课，晚上回家做作业，老师往往只了解学生在学校的那段时间的心态变化，家长则往往只了解孩子晚上在家的这段时间的心态变化。因此，家长和老师缺乏对孩子心理上全面的了解，所以家长和老师需要多配合，相互合作，以共同做好孩子的心理工作。家长可以根据孩子的一些具体问题和老师商量，采取一些必要措施。家长特别要主动地承担在孩子存在问题方面的责任，主动地配合老师，因为老师和家长的目标是一致的，就是使孩子学好、考好。如果家长不和老师及时沟通，很容易凭对孩子的片面了解，就对孩子提出建议或是批评，那可能就会起到负面的作用。

第三，向老师询问孩子是否有偏科现象。要知道，孩子如果偏科，会很难办。一些靠平日积累才能得高分的科目，倘若在备考过程当中偏科，需要付出非常大的努力才有可能弥补。所以，应在孩子偏科情况刚刚出现的时候就采取相应的对策，提防偏科情况的恶化。这就需要我们家长积极主动配合，提供信息，主动与任课老师沟通，家长要非常巧妙而委婉地与任课老师讨论孩子的薄弱学科学习成绩下降的原因，把孩子的困难转述给老师，任课老师就会比较主动地关心孩子的学习，给予许多有针对性的指导，孩子的成绩就会比以前有明显的提高。

进入高三后，家长就真正进入了艰难的陪考时期。家长为了更好地助孩子一臂之力，现阶段首要的任务就是和班主任、任课老师做好沟通，及时了解孩子在学校的学习情况，陪同孩子一起紧跟老师的脚步。

高三学生父母如何调节考生的期中考考前焦虑

我的儿子是一所重点中学实验班的学生，平时在班里学习名列前茅，同学们都以他为榜样。到了高三，儿子更加刻苦，晚上灯一直亮到深夜；没有节假日，基本上不参加课外活动，放弃了自己的篮球爱好，主动让我帮他把心爱的篮球收起来。他的桌子上总是摆满了各种复习资料，虽然他自己的学习成绩很好，但总感到某门课还有很多不懂的地方；眼睛总盯着和他成绩差不多的同学，一旦被同学超过，他就感到很紧张、很焦虑，有劲儿不知如何使。高三期中考试越来越近了，但最近儿子出现了发烧、食欲不振、失眠等现象。看着孩子脸上的焦虑表情，我非常着急，不知道用什么方法帮助孩子摆脱焦虑。请问专家，我该怎么办呢？

分 析

期中考试对考生来说是上高三以来的一次重要考试，是高考复习过程中的关键环节之一。在这备考复习的攻坚阶段，考生会比以往更容易产生新的心理问题，可能会出现心理疲劳、记忆力下降、考前焦虑等症状。

上述案例的考生焦虑类型是明显的负疚自责型和自视过高型。这类考生勤奋刻苦，对自己要求严格，但是过分注重满足师长的期望，学习上唯恐有丝毫差错，稍有不顺，便自责内疚。这类学生能力强，学习自觉刻苦，但是对自己的实际水平估计过高，确定的目标不切合实际，什么事情都想比其他同学强，一旦愿望没有实现就会情绪低落，嫉妒他人或者怀疑自己的能力。因孩子身处重点中学实验班，成绩优异，对自己要求极高，主动放弃娱乐活动，全身心投入学习，同时过度关注同学成绩，担心被超越，这些都导致心理压力过大。而且临近期中考试，孩子出现发烧、食欲不振、失眠等现象，这些是长期心理压力下身体和心理的应激反应，表明孩子的焦虑情绪已较为严重。

考生的焦虑在每个人身上的表现是复杂和不稳定的，因时、因地、因人而异。作为高三学生，考前焦虑是普遍现象，父母在调节孩子焦虑时，要避免过度关心和说教，注重给予孩子空间、进行有效沟通、合理疏导情绪以及调整自身期望。通过科学的方法，帮助孩子以更轻松、自信的心态迎接期中考试，充分发挥出自己的水平。因此，父母及时了解孩子的焦虑，才能及早帮助孩子摆脱焦虑的困扰，以利于孩子更好地复习备考。

建 议

首先，父母要从孩子的实际出发，确定适当的期望值。有这类考试焦虑的考生本身就对自己要求严格，追求完美，确定目标较高，如果父母再给孩子定出更高的目标，一旦在备考过程中发生什么情况，目标实现的可能性就会大打折扣，导致孩子忧心忡忡，生怕自己失败，这种恐惧无疑会引起考试焦虑。因此，在积极帮助孩子备考的过程中，父母不要把目光盯在孩子的分数和考试的名次上，而是要帮助孩子正确地认识自己，客观地制订合适的目标。父母可以采取小目标逐步实现的方法，帮助孩子达成目标。

其次，父母在高三这一年与孩子进行正确有效的沟通尤为重要。高三是孩子人生中非常重要的阶段，孩子所面临的各方面的压力非常大，复习任务重，心态变化多，受外界因素影响也大。因此，父母学会科学有效的沟通，就能了解孩子的真实情况。当孩子在学习、生活中遇到困难时，父母要能及早发现问题，帮孩子出主意、想办法，助孩子一臂之力。

再次，父母要增强孩子的自信心。父母要劝说孩子不要和其他同学攀比，要和自己相比。孩子今天比昨天进步一点点，就要及时鼓励，肯定和认可孩子的成绩，教会孩子一些积极的自我暗示的方法，培养孩子的自信心，逐渐让孩子从盯着排名和其他同学的成绩转变为注重对知识点的掌握。这样可以增强孩子的自信心，有利于孩子学习效率的提高。

最后，父母要帮助孩子制订切实可行的阶段性学习计划，并督促孩子认真落实。学习计划的制订要以孩子为主，学习时间和学习任务的安排要紧而不乱，必要时要提醒孩子及时修改学习计划。另外，学习计划的安排应配合学校的教学进度，父母要和教师保持良好、充分的沟通，对学校的教学进度、教师对孩子学习上的要求、孩子在校的学习情况做到心中有数。父母最好能和孩子一同进行阶段性总结，帮助孩子分析学习上取得的进步和不足。这样可使复习更有目的性，也可对孩子形成一定的约束力，以保证复习能高效、有序地进行。当完成一定的复习计划、取得一定的成绩后，孩子内心的满足感就会产生，从而令自身的信心大大增强。

高三学生考前焦虑，父母提早预防

我女儿是重点中学的一名高三学生，平时成绩在全年级属中等水平，但高三第二次模拟考试（简称“二模”）发挥不理想，只考了 472 分，比她平时的成绩下降了 40 多分。利用晚饭后休息的时间，我们娘儿俩坐下来好好聊了聊。她跟我说：“近来不知怎么回事，总觉得跟不上老师的复习节奏，各个测验、模拟考试成绩都不理想，发现有些该记的内容没记住，曾经记过的知识点又忘了；复习时感觉不踏实，看语文的时候觉得要看英语，而看英语时又觉得物、化、生还没复习，感觉时间不够用，手忙脚乱的，随着高考临近，越来越觉得准备不充分，生怕在高考中发挥失常……”听了孩子的诉说，看着孩子脸上的焦虑表情，我这个做家长的非常着急，不知道用什么方法帮助孩子摆脱焦虑。请问专家，我该怎么办呢？

分　析

距高考还有半个月，考生的焦虑感会随着高考临近明显增强，有的考生心理负担加大，越想越觉得准备不足，对即将到来的考试感到担忧，缺乏信心。在这段时间里，有相当多的考生会出现学习和复习效率停滞不前，学习没进步，甚至无法完全掌握学过的知识的情况，导致考试成绩仍波动很大。这些考生升学愿望强烈，急于提高成绩，结果欲速则不达，进而产生了焦虑、浮躁等情绪。这种心理在成绩中等的考生中表现得较为突出，这些学生随着成绩的波动，越发静不下心来，这影响了他们的学习效果。此时，考生最重要的是正确对待与克服考试焦虑，不要让这种负面心态影响了复习。

因此在这里有必要提醒家长：一定要保持良好的心态，切不可看到孩子焦虑自己先乱了阵脚。家长要情绪稳定，心平气和，只有这样才能帮助孩子消除烦躁不安和紧张心态，才有助于孩子平稳克服考前焦虑。

家长要正确看待孩子的考试成绩。若孩子暂时成绩不理想，家长不要大惊小怪，更不能埋怨、责骂孩子，要心平气和地同孩子一起分析原因，并多与孩子沟通，说出自己的想法、经验，听听孩子的意见。家长还要配合老师，及时疏导和排解孩子心中的烦恼。对孩子的每一个优点，每一次进步，家长要及时给予鼓励和赞扬，以增强孩子的自信心。

建 议

首先，家长要用积极乐观的心态影响孩子。家长每天和孩子生活在一起，彼此心态、情绪相互影响，所以家长要有意识地保持积极乐观的心态，从而对孩子产生正面影响。面对处于焦虑中的孩子，家长要有良好的心态，要协助孩子把心态放轻松，把备考节奏放慢。家长要力求劳逸结合，多带孩子参加一些文体活动，比如晚饭后散步、听新闻，帮助孩子转移注意力，放松紧张的神经。家长千万不要大惊小怪，甚至比孩子还紧张，这样会助长孩子的焦虑情绪。

其次，家长要帮助孩子提高心理素质，增强孩子的自信心。家长要给孩子鼓励和信任，让孩子真心感受到来自父母的爱，并由此产生强大的克服困难的心理动力和勇气。孩子在父母的理解和强大精神鼓舞下，能更快、更勇敢地克服困难，找回学习自信心。

最后，家长要协助孩子改变学习方法，合理安排复习计划，克服焦虑。家长要和孩子及时沟通，帮助孩子调整复习方法，使复习方法适合复习进程，让孩子体会到调整后的复习成效。

家长要帮助孩子制订合理的复习计划，按照复习计划抓紧落实，叮嘱孩子按时完成复习计划，这样可使复习更有目的性，也可对孩子形成一定的约束力，以保证复习能高效、有序地进行。而当孩子完成了一定的复习计划、取得一定的成绩后，内心的满足感就会产生，从而会大大增强信心。

关注考后心理，促进考生健康成长

小楠（化名）是北京某重点中学实验班的学生，从小到大成绩都一直很出色，是父母和老师眼中的骄傲。她平时的成绩和“一模”“二模”成绩，都在全区排名150名左右，小楠把考取对外经济贸易大学作为奋斗的目标。为了实现这个目标，她废寝忘食、加班加点地学习，并把对外经济贸易大学的名字挂在她书房的显著位置，大有不考入该大学誓不罢休的架势。看到孩子这般努力，她的母亲孙女士既欣慰又心疼。在复习时，小楠就计划第一志愿填对外经济贸易大学。本科一批的第二志愿为平行志愿，她打算报首都经济贸易大学、北京工业大学、北京建筑工程学院，本科二批志愿一个都没有报，因为她觉得自己的成绩还是挺稳定的，如果不出意外，她上对外经济贸易大学没问题。

高考考完试以后，小楠一边迫不及待地对照高考试题答案，一边拼命回忆自己高考的答题试卷，当她对到数学后面的大题时，她发现可能是太紧张了，有整整一页的数学试题考试时没看到，因此没有答，14分就这样白白丢掉了，其他的题再错一点，考对外经济贸易大学可能就无望了。小楠越想越难过，特别是她无法饶恕自己犯下的低级错误，认为这个重大失误很有可能对自己终生的前途造成很大影响。她越想越后悔，越想越恨自己。这段时间，小楠吃不下饭、睡不着觉，晚上经常会做噩梦，经常会被噩梦中可怕的情景惊醒。如今小楠天天都待在家里，根本不愿与亲戚、同学接触，情绪非常低落。看到女儿这副模样，孙女士非常担心。后来一问才知道，原来小楠一直在担心自己的分数考不上对外经济贸易大学。为了让女儿转移注意力，放松心情，孙女士鼓励她去购物，或者去看电影，为的就是让她不要总想着分数。可女儿总说没兴趣，并表示成绩不出来，干什么都没劲。

分 析

为什么紧张的高考结束后，考生还可能产生这些心理问题呢？

我认为，社会影响、家庭影响和考生的承受能力，是造成考生心理紧张的三大因素。因为“当下，高考仍然是衡量一个学生水平，决定一个学生未来的重要标杆。家长、考生对其的重视可想而知。高考结束后，考生忽然从紧张的学习状态，转变到时间可以任意支配的放松状态，反而不知道如何合理安排时间。而在这之后，他们还要承受成绩公布的压力，能被何所大学和专业录取的焦虑等。与此同时，他们还要面对周围人的各种询问，思考今后的前途、命运、生活等关于成长的问题。这么多事情接踵而来，产生焦虑、不安也是难免的”。应当指出，高考后，父母的态度对考生心态的影响相当大，有时甚至会远远大于成绩本身。家长更应该适时调整心态，带领孩子走出“后高考心理”阴影。

建 议

考后，对于怀有悔恨、内疚心态的考生，家长虽然要关注孩子的情绪，但更重要的是应该用行动帮助孩子缓解心理压力。

第一，家长要平静下来，用理性的态度对待孩子，鼓励孩子把担心和痛苦说出来。家长要帮助孩子澄清压抑在孩子内心深处的心理问题，明确告诉孩子，自觉地、严格地审视自己的考试是好的，要善于从考试的失利中总结经验教训，并且告知孩子人生的道路上不可能一帆风顺，我们都会遇到挫折、遇到失败，过去的事已成为历史，聪明人会从失利中总结经验教训，爬起来再走，如果有了一段失败的经历，可能再摔跤的风险就会相对减少，走起路来就会快，在某种意义上这就是坏事变好事了，因为找出改进措施是继续前进的一个重要保证。

第二，这类考生必须明白一个道理：高考存在一定的偶然性，不能凭一次成败论英雄。条条道路通罗马，高考也不是人生唯一一条出路。应对这种心理的关键，在于不要过度停留在考试中，而要回归当前，正视自己的情绪，多找家长或好朋友沟通倾诉，或参加一些有益的活动，如学习技能、体验工作等排解不良情绪。

对家长来说，家长首先要冷静、理性，不要让孩子单独面对压力，要让孩子知道，全家人都和他在一起，为他打气，共同面对问题；不要明显地流露出过分的关注和担忧，给孩子提供适当的机会，发泄出他们心中的情绪。家长要多发掘孩子的优点，给予他们赞美和肯定；要告诉孩子，考不好可以再来一次，不要给孩子太多压力和指责，尽力保持常态，既不要冷淡也不要过分殷切；多跟孩子沟通，并注意观察孩子的言行举止，及时了解他们的心理变化，做出正确的引导。

第三，家长要引导孩子在合理估分后，对自己和未来形成一个正确的认知。如果估分不理想，家长要鼓励孩子勇敢面对现实，接纳现实，可以选择听音乐、打球、进行户外运动等，学会自我放松，而不要将注意力过分集中在成绩上。家长要首先从失落和烦恼中走出来，当发现孩子有这样的焦虑时，要有意识地多与孩子沟通交流，最重要的是要接纳孩子的努力，这是对孩子最好的鼓励和尊重，牢记不要过多盘问，以免给孩子增加心理压力。另外，家长可以请一些孩子平时比较尊重信服和愿意交往的人与孩子交流，给孩子以适当的宽容、爱护与指导等。

第四，家长要引导孩子回避令人不愉快的情境，比如，不要过度关注与高考有关的消息，谈论与高考有关的话题等。只有让孩子远离不健康的心理情绪，才能帮助他们加强自我调理，顺利渡过这一心理关口。

美国成功学的创始人拿破仑·希尔说："自然经常是先给某些人重重的一击，让他们倒伏在地，看谁能爬起来再投入人生的战场，那些毅力强大的勇敢者，就被选择为命运的主人。"家长往往经历过多次倒伏在地的厄运，但是每次总能爬起来，重新投入人生的战场，从而成了命运的主人。在孩子成才的路上，免不了有这种坎坷、那种曲折，但是在任何情况下，我们都不应忘记那句古老的名言：忍辱负重，并非失败；坚持到底，就是胜利。

高考并不是结束，而是独立的开始。首先，家长要有一颗平常心，把更多的注意力放在孩子平时的学习过程中而不是苛求结果，只要孩子努力了，不管考试结果如何，家长都要无条件地接受现实。在孩子焦虑时，家长要告诉他们，人生有很多种可能性，高考不是唯一出路，帮助孩子减轻心理压力。其次，老师不能总用升学率来教导考生，也不要拿以前考得好的学生作对比。建议老师帮考生做好心理准备，为未来做一个规划：如果高考落榜，以后将如何奋斗，如何在人生的道路上取得成功；如果成功了，进入理想大学后要怎样生活和学习等。此外，考生本人也要把心态放平和，学会从容应对生活中的挫折和压力。建议家长趁这个假期和孩子多沟通，关注孩子的心理，引导孩子做好思想准备，满怀信心地迎接新的生活。

过多地督促孩子学习，会增加孩子心理负担

我女儿是在一所重点中学上高三，孩子刚考完十五校摸底联考，年级排名出来了，她排在全年级 60 多名，比上学期下滑了 20 多名。再过两个星期就要进行期末考试了，我这个做家长的真是看在眼里，急在心里，不免要更频繁地过问孩子的学习或复习情况。没想到一向文静的女儿，冲我发起火来并大声地跟我吼道："整天唠叨个没完，烦不烦呀，学习是我自己的事情，您就不要管我了……"我听了这些话，心里非常难过，孩子上高三了，我督促孩子抓紧时间学习难道有错吗？希望得到专家老师的指导。

分 析

高三年级摸底考试是对高三学生的一次高考前的临战检阅，其意义不同于其他年级的阶段性测试。各区各校的测试虽然试卷内容各异，但目标朝向是清晰的：把握当年高考趋势，体现高考实战要求。因孩子刚考完十五校摸底联考，家长要把注意力放在引导孩子找出考试所暴露出来的问题上，告诉孩子要认真分析试卷，发现自己的不足，比如粗心、知识点哪些地方没有掌握、不符合答题规范等，然后进行有针对性的复习和提高，而不是把注意力放在监督孩子有没有长时间坐在桌前学习，能否把某科的参考资料按计划复习之上。其实，后者是一种非常失败的管教方法，这种方法一方面不能发挥

孩子的主观能动性，帮助他们把学习内化为自我积极主动追求的策略和思维，另一方面常常会使孩子“眉毛胡子一把抓”，找不到自我突破和提高的关键，考试成绩上不去也就在所难免了。从上述案例可以看出，家长在管教孩子方面过于细心，渴望自己的孩子取得较好的成绩，但采取的方式不够恰当，如过多地过问孩子的学习或复习情况，对孩子天天讲道理，横比喻、竖举例，过多地督促孩子的学习其实就是给孩子增加心理负担，同时增加焦虑和烦躁情绪。有的考生跟我们讲：我们每时每刻都在家长的压力下，就像一个囚徒，饮食起居都被照顾得很好，又时不常地搜集一些模拟题让我们做。对家长的关心、照顾，孩子也感动过，只是深觉自己没有自由意志，没有独立能力，没有蓬勃的活力。在这种压力下，考生的心理异常紧张，会严重影响考试的发挥。

建 议

第一，做一个好的倾听者。

当孩子与您说困难或心中的压力时，您要多听少说，不要说那些人人都知道的大道理。比如，孩子说担心考不好，您只用带着耳朵听。孩子给您说压力其实是一种情绪的宣泄和对您的信任。其实她自己明白如何去解决这种压力。这个时候她所需要的是您的理解、关注和支持。这个时候您要做的其实就是信任孩子，以自己的沉稳给孩子烦乱的心以慰藉，以自己的信任给孩子传达一个信息：放心吧，孩子！无论在什么时候、什么情况下，你都是妈妈 / 爸爸的最爱，妈妈 / 爸爸任何时候都是你可以依靠的坚实后盾。

第二，帮助孩子树立必胜的信心。

许多考生之所以没有发挥出正常的水平，除了应试技巧有待改善之外，往往还是因为缺乏自信。因此在考前，家长要给考生振奋士气，树立信心；要给考生降压、松绑，要多鼓励孩子，指出只要花了力气，考出自己的水平就是成功，使孩子对自己充满信心，轻装上阵去参加考试，而不是顾虑重重，带着沉重的包袱上考场。只有这样，孩子才能平心静气地进入考场，发挥应有的能力，取得好成绩。

孩子早恋，家长宜疏不宜堵

案 例

我的儿子自上高中以来一直很努力，高二进入年级的提高班。以前，孩子很单纯，除了周末打打篮球，其他时间都用在了学习上。今年高三开学不久，我发现有点不对头。儿子晚上经常接到一个女孩的电话，接电话时非常害怕家长在场，手机短信上还有一些比较肉麻的言语。有一次，我在公共汽车上，发现我的儿子和一个女孩坐在一起，举止行为非常亲密。孩子早恋了，我该怎么办?

分 析

高三学生的性生理发育逐渐成熟，引起了性心理的变化，对两性关系敏感，认为它神秘、奇妙。孩子进入青春期后，产生了青春期的新奇感，开始注意异性，亲近异性，容易产生爱慕和追求异性的愿望，这是人体发育的正常过程。

根据多年的调查研究，我了解到家长所认为的高中生“早恋”有两种情况：一种是孩子确实恋爱了，另一种只是男女生之间正常的交往，家长过于敏感和焦虑。其实，早恋的学生还是占少数，更多的是男女生之间的正常交往。

高中学生早恋主要有三个方面原因，一是寻找精神依托，由于学生学习紧张，压力较大，异性间互相倾诉，或许能得到少许安慰；二是受某些爱情小说和影视的影响；三是家长给他们的压力过大，使他们不能自由地做自己想做的事情。如果与家长缺乏有效沟通，孩子会转而向同伴、朋友倾诉，进而对异性同伴产生好感。

建议

家长一旦发现孩子有早恋的迹象，不要急于下结论，要保持清醒与冷静，了解清楚情况，并正确认识青春期孩子的特点和早恋问题，进而对孩子进行正面的引导和教育。

首先，家长要摸清情况，切忌急躁。家长一旦发现孩子有早恋迹象，往往会感到愤怒，并急于给孩子戴上早恋的“帽子”。这种做法很不可取，有可能弄假成真。所以家长要正确界定孩子的情况是早恋，还是正常的男女生交往。

早恋的孩子各方面可能会出现一些变化。行为方面：开始注重外表，花费更多时间在穿着打扮上；有行踪不定的情况，经常以各种理由外出，回家时间推迟；隐私保护意识更强，如经常锁门，不愿家人查看自己的手机、书包等。情绪方面：情绪波动较大；变得更加敏感，对他人的评价尤其是恋爱对象的看法非常在意。学习方面：成绩出现波动，注意力难以集中，上课易走神；学习兴趣可能会降低，不像以前那样积极主动地参与学习活动。社交方面：朋友圈发生一定变化，可能会减少与原来朋友的交往，更愿意和恋爱对象单独相处，或与恋爱对象的朋友一起玩；与同学交谈话题可能会更多与恋爱相关等等。

其次，家长要正确认识青春期孩子的特点和早恋问题。早恋是青少年成长过程中的常见现象。家长要帮助孩子认识到早恋的危害，并加以正确引导，切忌粗暴压制。第一，家长要学会尊重、理解孩子的感情，对早恋现象应耐心教育，正确疏导，不要因为孩子要参加高考而对他们训斥、打骂或当众羞辱，否则有可能激起孩子的逆反心理。家长还要学会巧妙地告诉孩子，早恋的感情虽然可贵，但是不成熟，容易没有结果。家长要使孩子明白什么是真正的爱情，以后怎样去追求真正的爱情，引导他们处理好理智和冲动、现实和未来的关系。第二，家长要为孩子提供丰富多彩的文娱、体育活动和其他有益的社会活动，分散孩子的注意力，让他们和更多的同学交往。第三，家长要勤与老师联系，及时了解孩子在校情况，与老师共同帮助孩子从思想上提高认识，明确高中阶段应以学习为重。第四，如果父母确实无力解决的问题，可向专业心理辅导机构寻求帮助。

只要晓之以理，动之以情，因势利导，孩子的早恋问题是可以得到很好的处理的。

缓解考生考前焦虑，家长的期望值要适度

我女儿是一所示范校高三毕业班的学生，她父亲是一家上市公司的领导，我是高校的一名教师，可能她父亲在家里是最小的缘故，哥哥、姐姐家的孩子都考入了名牌大学，他对自己的女儿寄予了更高的期望，希望女儿能像哥哥、姐姐家的孩子那样优秀，考上清华、北大等名牌大学。所以高三这一年我们两口子做了明确的分工，对女儿在生活上关怀备至，在学习上要求非常严格。现在高三联考刚刚考完，我发现女儿这几天都闷闷不乐的，我就问她怎么了，没想到她扑到我的怀里大哭起来，一边哭一边对我说："这次联考没有考好，退步了 40 多名，是女儿没用，辜负了爸爸、妈妈对我的期望。在每次大考前，我都会暗自下决心一定要考到全年级前三名，还特意和班主任沟通，与班上考试第一名的女同学做同桌，我的目的很明确，就是以同桌为榜样，向她学习，力争赶上全年级优秀的同学，这样我才能考上清华、北大这样的名牌大学。可是就在这次高三联考的考试中，听到同桌奋笔疾书，流畅答题的声音，我的情绪越来越紧张，原来记得牢牢的东西，却怎么也想不起来，而且不知道怎么回事总有紧张、头晕、手心出汗的体验……" 看着孩子脸上的焦虑表情，我这个做家长的非常着急，不知道用什么方法帮助孩子摆脱焦虑。请问专家，我该怎么办呢？

分析

上述案例里的这个学生明显是因为父母给的压力过大导致考试焦虑。当今的父母普遍有一种补偿心理，期望通过子女来实现自己的理想，总想按照自己的期望来设计孩子的未来，培养孩子的兴趣爱好，并在学习上不断地施压，致使孩子感到肩上的担子很重，难以达到父母的目标和要求，容易出现郁闷、逆反，以及心理压力加重等情况。

孩子的考试焦虑主要来自父母强加在他们身上的压力。父母及周围的人对孩子的期望水平过高，尤其是她的父亲由于顾及自身的形象、面子，因而对她寄予厚望，这些均加重了孩子的心理负担。父母如果长期给孩子这种压力，孩子也会渐渐接受这种期望，对自己的要求很高，一旦自己有少许松懈怠慢，就会紧张、自责、焦虑，导致学习效率低，再加上这种情况没有得到及时引导调控，于是情绪更加紧张、焦虑，于是就陷入恶性循环中了。父母如果在孩子高考过程中过于看重孩子的成绩和名牌大学，会将这种期望通过言语、行为、表情等传递给孩子，使孩子把父母的要求内化成自己的要求，但其实这并不是孩子真正的需求。开始时，这类孩子会对父母的期望有反抗心理，但是当父母的期望让他们获益或受罚时，无形中孩子就分不清这种要求是父母强加的还是自己的了。

建议

第一，家长对孩子的期望值要适度。家长的期望水平对子女的学业和成长有很大的影响：适度的期望有利于增强孩子的自信心、进取心，是进步的动力。父母的期望值要根据内外条件的变化，及时予以调整，不必拘泥于既定的目标，而应以最适合的为标准，这样才会有最大的效益。家长应以恰当的方式，表达对孩子取得成功的期望，不要用孩子的成绩成就自己的面子。

第二，家长要拓宽期望面，不要单以学业成绩来衡量孩子。作为父母，在督促孩子学习的时候，不要只盯着孩子的考试成绩，更应该看孩子实际的学习效果。不能仅以成绩作为评价孩子学业水平的唯一标准，要以一种平和的心态对待孩子的考试分数，孩子考好了，不妨进行精神鼓励；如果孩子考试成绩不理想，要帮助孩子认真分析，找出失误的原因，这样孩子才会情绪稳定，自信心强，身心各方面才会健康发展。

第三，父母要怀着适度、恰当的期望帮助孩子制订恰当的目标。所谓恰当的目标就是孩子跳一跳能够得着的目标。如果把目标定得太高，孩子怎么跳也够不着，时间长了积极性就会被挫伤，丧失自信心。如果把目标定得太低，孩子不用跳就可以够着了，则会使孩子不求进取，做事马虎、不认真。父母适度的期望应该是孩子愿意达到的、能够达到的和应该达到的。

总之，要想缓解孩子的考前焦虑，家长必须调整好自己的期望值，不要让我们的期望变成对孩子的伤害，要让压得喘不过气来的孩子呼吸一下外面的清新空气，让孩子变得更自尊、更自信、更自强！

我的儿子早恋了

案例

我是一个 14 岁男孩的妈妈，最近一段时间，我发现孩子跟以前不一样了，跟我们交流很少，而且动不动就把自己关在房间里。前天，我才从他的手机短信和 QQ 聊天记录里发现他似乎早恋了，跟一个女同学聊得非常多，虽然语言里没有看出来有什么，但是看起来他俩没事就一起聊天。

孩子今年刚上初二，我一直感觉他发育得比较晚，今年暑假里他还整天黏着我，结果突然开学后就变样了。我很痛苦，说不出来的痛苦，觉得孩子突然离我很远了，关键是初中学习非常紧张，我很怕早恋影响孩子的学习，但不知道怎么处理孩子早恋的问题。麻烦专家给我出个主意吧，谢谢您！

分析

初二年级的孩子年龄在 14 岁左右，正处于青春期。无论是男孩还是女孩，在生理上都处于特殊期，身体会发生很大的变化，如骨骼生长和第二性征发育，会出现越来越明确的性意识和越来越强烈的性冲动。这时候孩子的自我意识开始增强，他们觉得自己长大了，是成人了，好奇心和自我意识都比较强。北京师范大学青少年问题专家许燕教授指出，初二阶段是“事故多发的危险阶段”“思想道德的分水岭，学习成绩的分水岭，能力培养的分水岭”，是“一道坎儿”。一部分孩子适应环境脱颖而出；一部分孩子不适应，处于有诸多麻烦的状态。

如果这个时期家长没有正确引导，孩子很可能会受到社会上一些不良的影响，严重的甚至走上犯罪道路；有的孩子会陷入早恋不能自拔；有的会跟家里对抗，严重的可能会离家出走；有的由于长期压抑会导致一些心理问题。

建 议

1. 家长要加强学习，改变教育方式

家长一定要去看一些儿童青少年发展心理学、行为心理学方面的书籍，多了解一些科学方法和技巧，了解这个阶段的孩子的心理特点和表现。此外，孩子到了初中以后，很多家长的家庭教育方式还停留在小学阶段，但孩子的心理已经发生了变化，家长应相应地改变自己的教育方式。

2. 在尊重、理解的基础上平等地与孩子沟通、交流

良好的家庭教育对孩子的成长起到不可估量的作用。和谐的家庭教育应该是民主型的，孩子有充分的发言权，家长平等地与孩子沟通，共同探讨成长中的问题。

3. 正确对待早恋现象

在专制型、溺爱型和放任型的家庭，孩子出现早恋的可能性更大。家长在处理早恋问题时要把握三原则：

第一，摸清底细，心中有数。

家长要清楚地知道孩子在班里与哪些孩子关系比较好，他们在一起活动的时候都在做些什么，发动一些与孩子关系较为密切，行为良好的同学与他多接触、交往，大家一同参加有益的活动。

第二，分析情况，区别对待。

要界定孩子是早恋，还是与同学正常交往。

第三，讲究方法，正确引导。

如果孩子确实早恋了，家长也没有必要去谴责他们不理智，要分析原因，对症解决。首先，家长要努力营造温馨的家庭氛围，给孩子提供一个民主的家庭环境，不要一味阻止，否则有可能激起他们的逆反心理。

其次，家长要积极与孩子进行情感交流，实现对孩子情感上的正面疏导。家长的真诚和真情至关重要。只要在沟通中培养对孩子的信任，在信任的基础上协商订立一些规则和界限，在情感沟通的基础上不断地施以关心和诱导，家长就能引导孩子将他们与自身建立的情感迁移到学习之中，将与“恋爱”对象的情感转变为同学友谊。

再次，多组织家庭式的各种活动，创造多种形式，丰富活动内容。这样，孩子就能有机会、有价值地运用自己的精力，有意义地释放自己的能量，青春期的生理变化就不会引起孩子思想情绪上的波折，单纯的性欲望就会被丰富多彩的活动取代和升华。

另外，家长要理智地“冷冻”已经出现的早恋，态度要鲜明，对已经来到，但又来得太早的早恋明确表示要孩子停下来的态度。家长要尊重孩子有关同学的感情，决不能加以讽刺、挖苦，更不能粗暴地禁止。家长要巧妙恰当地引导，工作一定要细心到位。只有这样，才能减少不必要的纠葛。

最后，如果孩子因沉迷恋情而影响学习，家长又无力解决的“早恋”问题，可向专业的心理辅导机构寻求帮助。

家长期望过高会使尖子生产生心理负重

我们夫妇两人都是“985 工程”大学的高才生，经过努力，我们分别考取了博士后和博士。我们对孩子的期望值比较高，平时对他要求非常严格，特别希望孩子能够考入国内的顶尖学府深造。我的儿子从小聪明好学，成绩拔尖。小学、初中，他的成绩在全年级总是排第一。中考时，他以全校第一的优异成绩考入北京一所重点中学的重点班。高中期间，他仍然勤奋好学，但各个学校品学兼优的学生也都汇聚在这个班，他虽然一直名列前茅，但是失去了领头人的地位。现在孩子已上高三，高三期末考试这么重要的考试孩子考砸了，年级名次由第二名退步到第五名，最强势学科数学才考了 117 分。现在已进入高考第二轮复习的关键时期，孩子已经全力以赴做好高考的备考工作。他自己喜欢的篮球运动也不玩了，晚上复习到凌晨 2 点多才允许自己睡觉。但近来我们发现，孩子看书的效率突然变得很低，精神不集中，胡思乱想，晚上经常被噩梦惊醒。我们夫妇俩非常担心孩子的状态，如果孩子以这种状态高考，我们这个家不就完了吗？

分　析

因尖子生的成绩处于“拔尖”的位置，老师、父母都对他们寄予很高的期望。他们往往能感受到这种期望，并觉得自己无论如何不能辜负这种期望。

过高的期望会导致心理负重，造成心理疲劳。偶尔一次考试失误，就会使他们惶惑不安、自信消失、情绪低落，产生一系列心理问题。

学校狠抓尖子生不放，家长望子成龙心切，导致对尖子生期望过高。这种期望仅仅是对考试成绩的期望，而不是要求其全面发展，因此，家长很少关心尖子生的正常要求和兴趣爱好。期望过高和期望偏向会使尖子生失去学习和生活的乐趣，容易滋长消极情绪。沉重的负担使尖子生身心疲惫，使得一部分尖子生对人冷漠，对集体不关心，自我封闭，外人很难走进他们的内心世界。

建议

在家庭教育过程中，如果发现孩子受到挫折，家长就应及时运用疏导的方法帮助他们调整挫折心境。具体方法有：

1. 情绪宣泄法。当孩子产生心理受挫时，家长应及时采取合理的方式，通过正常的途径和方法，让他们释放内心积压的受挫情绪，保持心理平衡，不钻“牛角尖”，不走极端，引导他们“做情绪的主人，不做情绪的奴隶”，比如，引导他们通过交谈倾听、借助活动将因紧张情绪所积累的能量排遣出去。

2. 迁移法。家长可以采用注意转移法，把孩子的注意力转移到别的活动上，暂时避开挫折情境，比如，让其回忆一些愉快的事，也可以鼓励其听听音乐、打打球、散散步等。

3. 心理咨询法。家长可以找专业心理咨询机构为孩子预约心理咨询，心理咨询师可以对孩子的内心冲突和苦恼进行分析、研究、劝解、安慰、鼓励，减轻其情绪压力，改变其认识问题的方法，用新的、正常的经验代替旧的、反常的经验，使孩子摆脱矛盾，恢复心理平衡，并帮助孩子在思想、学习、生活等方面取得更有效的发展和成就。

4. 家长对孩子的教育必须走进他们的内心世界，必须不断调节自己的心态，降低对孩子的期望值，有目的对孩子施加有计划的心理教育，教育孩子保持平常心，让孩子通过与班上的同学平等相处，感受同学们身上值得自己学习的优良品德，让孩子在为同学服务的过程中体验一种奉献的幸福，让他们面对分数和荣誉学会淡然处之、互相谦让，以培养自己豁达而淡泊的心境。

家有考生，家长如何做

案 例

我在一所初中学校当老师，爱人在华为公司上班，我们两口子工作都很忙，孩子的学习、生活一直都是我照顾。今年我的孩子上高三了，我特意跟学校领导说明情况，这一年我只教课，不担任行政工作了，省下来的时间，可以在生活、学习上更周到地照顾儿子。但是孩子每天晚自习结束后，才能回家，我除了给他做好可口的加餐和水果，也没有什么能帮得上忙的，总有点有劲儿使不出来的感觉。我想请问一下专家，作为高三学生家长，我应该怎么做呢?

分 析

高三的知识专业性强，家长可能离开校园时间较长，对孩子所学的知识感到陌生，不知道从何处入手去帮助孩子提高成绩。

每个孩子在高三面临的问题不同，有的是知识掌握不牢固，有的是心理压力大。家长如果不与孩子充分沟通，就很难准确把握孩子真正需求。

有的家长可能担心自己的行为会给孩子带来额外的压力，或者干扰孩子的学习节奏，所以不敢轻易采取行动。

目前高三考生可以划分为四类考生。第一类考生：学习有计划，情绪较稳定，乐于参加各种活动（打球、聚会），喜欢听音乐，经常与同学沟通，与父母相处较好；第二类考生：没有白天、黑夜，晚上灯一直亮到深夜，没有节假日，基本不参加活动，放弃自己的爱好，桌上摆满了各种复习资料，总感到自己对某门学科还有很多不懂的地方，感到很紧张、很焦虑，有劲儿不知如何使；第三类考生：平时学习成绩很好，各科作业做起来得心应手，可一到期中、期末等重大考试，情况就不太好，也有些学生一进考场就心跳加速，呼吸急促，脑子里不知该想什么，只觉得乱糟糟的一片；第四类考生：学习基础差，目标不明确，整天混日子，对考试无动于衷。

随着高考日渐临近，考生的心理紧张程度明显增强，此时，家长也不轻松。然而，要考试的是孩子，家长再担心、再紧张，还得为孩子营造一个良好的氛围，让孩子带着家长的关心，更带着信心走上考场。

建 议

一、给自己减压，给孩子减压

高考前，考生承受着极大的竞争压力。而有些家长望子成龙心切，时时不忘提醒孩子：考试一定要考好，上大学要上名牌大学，不要让爸爸妈妈失望。诚然，与年少的孩子相比，家长对高考的意义有更深刻的认识，他们对孩子跃过高考“龙门”的心愿或许比孩子自身更为迫切，并且为了实现这个愿望，家长与孩子一样付出了很多。“家有考生父母忧”，正因如此，家长在高考前夕也应该给自己“减减压”，用自己的平常心去影响孩子，给孩子创造一个宽松的学习氛围，减少孩子因害怕达不到家长的要求而产生的过度的精神负担。

家长的“减压”工作，说到底就是降低过高的期望值。家长应该认识到，由于人们接受知识的能力与效果有高下之分，考试分数、名次必然有相对的高低之别，不可能要求每个孩子都出类拔萃。再说，多数家长自己也是平常人，你有理由希望孩子比你出色，却没有权利要求他一定出色。既然如此，与其让孩子感受到你对他有多大的希望、多少的要求，陡增他的压力，还不如不跟他提那么多希望、要求之类的话，也不必一反常态，突然对他关怀备至，就让他一如既往地自由发挥，让他能做多好就做多好。这样，孩子就没有过多的顾虑，反倒容易考出正常的水平，真正做到无愧自己、无愧家人。

二、给孩子鼓励

压力不可妄加，鼓励却不可缺少，而且鼓励要讲究方式。你可以告诉孩子：你读了那么多年的书，不管怎样，你已具备一定的学习及创新的能力，高考对你而言不过是一次检验式的考试，你只需怀着一种证明自己、挑战自己的心愿——看看在一个更大的范围内与更多的人竞争，自己是不是达到了自己所认为的高度了，或者看看自己是否能够表现得比以往更厉害——去迎接考试就足够了，结果如何，就顺其自然吧，关键是要证明自己，而不是一定要超过什么人。爸爸、妈妈相信你有能力证明自己，相信你读了那么多年书一定会有所收获。这种收获不一定是考出多么好的成绩，也不一定是考上一个什么样的大学，而是你在参加这样一场重要的考试当中能学到的、对你今后的人生有所助益的东西，能得到这些东西，你参加这场高考也就值得了。

这样的鼓励对意义重大、悬念多多的高考的定位是“一场证明自己、有益人生的考试”，这便给人一种高考可以自己把握、值得把握的感觉，可以帮助孩子消除惧考心理、树立自信心。

为了强化孩子对考试“让人有所收获、让人能够把握”的认识，平时家长就要注意指导孩子客观冷静地看待每一次考试，提醒他仔细分析得失对错，让每一次考试都成为孩子反思、总结、提高的机会。同时鼓励孩子多与同学老师沟通，在讨论、切磋中增进教益，增加收获。此外还要提醒孩子多在学习方法与学习效率上动脑筋，劝止一些有损健康和效率的“加班加点”“开夜车”的“勤奋”行动。如果你的孩子是女孩，你更应多加鼓励，千万别埋怨、指责，或者流露出她是女孩、竞争力弱的想法，以免打击她的士气，伤害她的自尊。

三、给孩子适当的帮助

高考毕竟是一场准备时间长、竞争强度大的考试，考前家长应该给孩子一些最实际的帮助。

1. 帮助孩子分析自己，理清思绪，制订科学、合理的复习计划，有针对性地做练习，安排好练习时间和进度，并给予适当的监督。

2. 帮助孩子养护身体。关注孩子的身体状况，发现不适就督促其就医；

安排好家庭的作息时间，搞好膳食营养，有条件的家庭还可以购买一些保健品，为孩子的智力活动提供充足的能量。有时间的话，可以陪孩子散散步、打打球、谈谈心，或者听听音乐。

3. 教给孩子面对挫折与失败、树立自信心的方法：①充分表现自己的个性，不必在乎别人的评论；②练习正眼看人，克服恐惧；③走路昂首挺胸，目光向前，步伐坚定；④始终微笑，无论是成功还是挫折；⑤校准目标，全力以赴。

4. 帮助孩子掌握一些克服紧张或焦虑的方法，如引导孩子对自己进行肯定、积极的暗示，回忆一些快乐的事情，听听舒缓、轻柔的乐曲，同孩子一道参加游乐活动等。

在给孩子帮助的时候，家长最要紧的是要做到“有心又无心”，要让孩子感受到你对他的关心是自然而然的，而不是因为希望他给予回报才这么做的。这样，孩子得到了来自家庭的支持，又不会因此背上思想包袱，考试时便可以轻装上阵了。

四、做好孩子的后勤工作

在高考备考过程中，家长要提供均衡的饮食，保证孩子有充足的体力应对高强度的学习。例如，早餐可以准备鸡蛋、牛奶、全麦面包等，晚餐可以准备适量的肉类、蔬菜和水果。

家长应营造舒适的学习和休息环境；尽量给孩子提供单独的学习环境；保持家里安静、整洁；为孩子准备舒适的桌椅、良好的照明等。

家长还应关注孩子的作息，提醒孩子合理安排时间，保证充足的睡眠。

五、关注孩子的心理状态，给予心理支持

利用接孩子回家的时间或周末晚饭后的时间，家长可多与孩子沟通，倾听他们的烦恼和压力，让孩子感受到家长的关心和理解，而不是一味地追问成绩。

多鼓励孩子，帮助他们树立信心，当孩子遇到困难或挫折时，家长可给予他积极的反馈，让他相信自己有能力克服困难。

家长可以和孩子一起做一些放松的活动，如散步、运动、看电影等，缓解孩子的压力。

六、辅助孩子学习

家长可以收集高考政策信息和各类高校的往年录取分数线信息，了解高

校的办学特点和专业介绍，做到心中有数，为孩子考后填报志愿做好准备，但不要强迫孩子做出选择。

家长应给孩子信心和鼓励。孩子们凭着顽强的毅力走过了前面的路，这时的他们已身心俱乏，高考的紧迫，更容易让孩子们产生急躁心理，乱了阵脚。这时候就需要家长及时地给予孩子鼓励和安抚，避免孩子们因急躁乱了心智，功败垂成。

孩子的学习方法和学习状况已在十几年的学习过程中基本定型，它们在短时期内有较大提升的概率非常小，家长急也急不来。此时家长最关键的是要稳住自己的心态，切忌心慌意乱、惶惶不可终日，以免影响孩子的情绪。家长应为孩子做好后勤保障和安抚工作，稳住孩子的情绪，给孩子信心和力量，让其在高考之中顺其自然，正常发挥！

如果孩子有薄弱科目，家长要尊重孩子的意愿，为孩子找合适的辅导老师或学习资源。高三期间，家长要与老师保持联系，了解孩子在学校的学习情况，与老师共同为孩子的高考助力。

汉口铁路中学用临考“三字经”进行心理暗示，帮助学生克服紧张心理。作者借花献佛，分享给即将高考的学子们！

考期近，树信心，调状态，进佳境。
文具笔，清理好，准考证，莫忘了。
进考室，心充实，视高考，平常事。
拿试卷，填姓名，速浏览，定方案。
先做易，后做难，先解简，后解繁。
题审清，书写净，抢速度，要细心。
试题易，莫大意，我觉易，人皆易。
试题难，莫心烦，我觉难，大家难。
答题毕，细复审，要客观，宜冷静。
铃声响，出考场，不议题，不算分。
胜不骄，败不馁，忘成败，是大将。
饭吃好，觉睡香，待明日，打胜仗。

这首“三字经”不能说条条都是真理，但我觉得“试题易，莫大意，我觉易，人皆易。试题难，莫心烦，我觉难，大家难。铃声响，出考场，不议题，不算分”这三条是学子们务必要养成的习惯。

从高考前的每一次考试开始，从现在做起，从今天做起，不管成绩如何，家长首先要在心理上保持一个良好的状态。家长们的配合就是在所有的科目考完之前，不要追问孩子考试的感觉和考题的难易，配合孩子顺利完成高考！有志者，事竟成，希望在6月看到孩子和家长们灿烂的笑脸。

家长要学会控制自己的焦虑情绪

我和我爱人都是名牌大学毕业生，爱人在世界500强企业当中层领导。随着科技的发展，社会的进步，人才竞争越来越激烈，我爱人他们部门引进的人才基本上都是海归博士、硕士，或者是“211工程”大学的学生。自然而然地，他也希望儿子能考上一所名牌大学，将来有一个比我们更好的前程。现在孩子上高三了，孩子的成绩成为他脸上的晴雨表。孩子考好了，我爱人会跟孩子沟通得很好，一旦孩子没有考好，成绩有所下降，他就会不顾孩子的实际情况，对孩子提出过高的要求，比如，强制孩子学习，并实施监督；利用吃饭的时间在孩子跟前不停地唠叨：“孩子，你瞧瞧妈妈多辛苦，上班早出晚归，还要给你做好吃的，给你洗衣服，什么事情都不让你干。我们恨不得把心掏出来给你，你说你怎么就这样不理解妈妈、爸爸的苦心呢？我们单位某某的孩子保送上了清华大学；你看看人家小华学习多好，一考一个第二名、第一名，一考一个120多分，你现在考这么点分数，还不好好学习，你都愁死我了。你说你这点成绩，你怎么能考得上好大学呢？你看现在社会竞争这么激烈，好的工作不好找，还指望你考个好学校，将来有出息，你现在的学习态度，真让人心凉了。”每到这个时候，我儿子就会顶撞我们说：“你们烦不烦呀，不要把我跟人家比，我就是我……”于是，一场火药味很浓的战争就开始了，每到这个时候，我都不知道如何处理，请您帮帮我！

分　析

家庭是心灵的归巢，家庭环境对考生的心理影响是巨大的。美国教育家本杰明·S.布鲁姆通过研究得出结论：家长地位，特别是家庭环境与学生在学校的学习状况有密切的关系。随着高考日益临近，好多家长比考生还要焦虑不安，他们天天对子女讲道理，横比喻、竖举例，把家长的焦虑心理传递给了考生。不少家长还没有学会控制自己的焦虑情绪，出现了如上述案例描述的一些不正确的做法。家长的这些做法会给考生许多负面的感觉，如挫折感、束缚感、负罪感、差距感、紧张感等，孩子会变得浮躁、不自信、绝望、无助、孤单，也会因此寻找其他途径发泄自己的痛苦。在这种压力下，考生心里异常紧张，会严重影响考试的发挥。

其实，学习是有周期性的，学习的进程并不是均匀增长的，孩子有几天会学得很快，有几天又会烦躁、痛苦、看见书本就抵触，甚至恐惧。这都是十分正常的现象，因为人的大脑在接受了一些新知识之后，会把人带入一个未知的领域，让人感到紧张、焦虑或不安，但潜意识在进行信息的处理和归纳，等这个处理和归纳的过程结束了，再进行新知识的输入，学生才能恢复良好的学习状态。而且，每个学生的这种学习周期是不一样的。因此，家长要为考生创造一个宽松、欢乐的家庭气氛。我相信天下所有的父母都会关心子女的学业，但一定要讲究方式、方法，不应该在家里营造一种紧张的气氛，应尽量避免给孩子造成不必要的压力。家长要有意营造一个既轻松又快乐的家庭氛围，学会控制自己的焦虑情绪。只有这样，考生的创造性思维才能格外活跃，才能最有效地复习，在考场上取得好成绩。

建　议

高考临近，好多家长比考生还要焦虑不安，他们既想让孩子考出好成绩，又怕给孩子造成压力，影响临场发挥，真是左右为难。家长此时应该控制自己的情绪，让信心体现在脸上，最好给孩子营造一个自然、和谐的家庭氛围。

家长想让孩子主动学习，可以试着这样做：拿出一张纸，逐条写出孩子的优点、强项，然后逐一地肯定和鼓励，使他恢复自信。家长不妨在吃饭的时候幽默一下，在孩子休息的时候和他聊聊时政、谈谈足球。其实，孩子现在的内心是最孤独、最矛盾的，他既想和家长亲近，又害怕家长批评自己不认真复习。所以这个时候，家长要学会和孩子沟通，适当鼓励孩子，通过鼓励去强化孩子的积极情绪。这种鼓励、赞扬不一定是学习上的，很琐碎的生活小事也会使孩子高兴，从而放松紧张、焦虑的情绪。

家长在孩子备考前夕要学会慢、淡、略、细。因为在高考前，孩子一般会出现紧张、急躁的情绪，家长应该理解孩子，不妨改变一下说话语气和方式，将语速放慢一些，少一些指责，多一些鼓励。对于性格内向的孩子，不要刻意追问他每天都在干什么。很多事情孩子不愿倾诉，家长也不要问得太细，必要的时候家长要学会忽略。考前有的孩子会比以前沉默，家长不要事事过问，要学会细心观察。比如，孩子晚上熬夜很久，眼睛又红又肿，家长不妨给孩子配点中药，让孩子喝杯牛奶，不要总是一味地问长问短，让孩子产生反感情绪。

家长在这段时间里最好不要在孩子面前夸耀他人，要相信孩子有把握、有能力、有信心应对这场考试，不要去过多地渲染考前的紧张气氛，尽量让孩子保持平静的心情、稳定的状态。家长应该对自己的孩子有正确的定位，不要去和别人攀比，只要孩子在考试中能够发挥正常，就已经成功了，就值得庆贺。在现阶段，孩子已经有沉重的心理压力了，家长千万不要反复叮咛、唠叨，应告诉孩子，不要把高考当作一个战场，而要把它当作一次宝贵的人生体验去迎接、去珍惜。

人是有差异性的，有的家长控制能力差一些，孩子在学习上出现一些波动，家长就会控制不了自己的焦虑情绪。下面给家长介绍几种控制焦虑情绪的办法，相信会对广大的考生家长有所帮助。

（1）换位思考：假如我处在孩子这样的高考环境下，压力大，我可能也会控制不了自己的情绪，并不是孩子不尊重我。

（2）不说话。假如你发现自己已经被愤怒包围，或者说被疯狂控制了，就要让自己在这种情绪消除之前不说话。沉默能缓和气氛，让人慢慢冷静下来，想出更好的应对策略，避免在激烈的反应中口不择言、动不由己。

（3）远离现场。无论做什么事，都会受环境的影响。当情绪控制不住的时候，家长应立刻静下来，找个借口走开。很多事情远离现场冷静一下，你就会找到自己的错误，从而不再苛责他人。

（4）自我暗示。当愤怒的感觉出现时，家长要对自己说：“我不能发火，发火不解决问题。息怒！”这样默念10分钟，一定会有比较好的效果，或者深呼吸，喝杯水，捏捏耳垂。

埋头一假期，抬头一学期

案 例

我的孩子在区里联考和期末考试中成绩都不理想，总分才400多分。今天家长会上发了成绩单，我发现孩子语文、化学、生物等学科基础薄弱，几次考试成绩都不理想。我观察孩子平时学习也很用功，每天学到晚上12点左右，老师留的作业也做了，为什么成绩总是上不去呢？人们都说种瓜得瓜，种豆得豆，一分努力，一分收获。我的孩子努力了却没得到好成绩，没他努力、没他用功的同学反而超过了他，以前比他成绩差不少的同学有的也超过了他。如此下去，他高考还有什么希望呢？现在他一点信心都没有了。寒假到了，我应该怎样监督和督促孩子的学习呢？

分 析

寒假将至，各个学校纷纷召开高三年级家长会，其目的就是让考生与家长认清形势，增强信心，凝聚合力。区里联考和期末考试成绩的高低对很多同学的情绪产生了影响。一些同学成绩不够理想，自己的努力在成绩上没有得到反映，排名停滞不前，甚至不进反退。这些同学的心情比较复杂，付出不见回报，目标遥不可及，失望、紧张、沮丧、无助、担忧、恐惧等多种消极情绪一起袭来，情况严重的同学对高考失去信心，对前途失去信心。考试成绩下降是由多种原因造成的，虽然这会打击一些同学的信心，但也能提醒考生，要认真地反省、检查自己的学习方法，查找存在的知识漏洞，甚至有的考生需要重新为自己定位。区里联考和期末考试并不是最终的高考，对升学没有任何作用，但是它像一面镜子，能照出考生的弱点。与其对区里联考和期末考试的成绩悔恨、否认、逃避，对以往的好成绩念念不忘，不如认真反省，找出自己的薄弱环节，研究应对策略与办法，更新学习方法，变挫折为动力，循序渐进，由浅入深，激发自己最大的学习潜能。这个寒假，对即将参加高考的考生而言，是实现复习备考跨越式发展的最后机会。考生如果能充分利用寒假这段时间，意识到寒假复习的重要性，结合自己的学习方法，制订详尽的学习计划，将其落实到位，就能抓住机会争取到更大的优势。

建 议

1. 许多家长很难在具体的学科上给予孩子指导，但帮助考生改进学习方法是家长的应尽义务。因为很多考生多年来已养成了一些不良的学习习惯，靠个人的意志力很难改变，这需要家长来督促。尤其对于自制力不太好的考生，家长可让他们自己拟好计划表之后签上自己的名字，将其贴在醒目的地方以时刻提醒自己；督促他们完成计划；完成之后给一点奖励，完不成则令其小小地自我惩罚一下。在家长全方位的督促之下，再没有恒心的考生也会把计划执行得很棒。

2. 家长和考生首先应坐在一起，详尽了解考生的学习情况，分辨出优劣势科目，以及哪些是有潜力的学科。家长可以帮助孩子一起分析应从哪个方面进行突破，也可以与孩子一起制订假期学习计划，并督促孩子完成这个计划。针对薄弱学科，孩子可在寒假期间重点突破。在寒假里，我建议家长和考生静下心来，家长可督促考生梳理知识框架结构，剥茧抽丝，查缺补漏。考生可针对自己的学习特点，为自己量身定做一个详尽的计划，具体到每一天，每个小时，然后坚决执行。

3. 针对考生基础薄弱的科目，有必要的话，家长可以征求考生的同意，请老师进行针对性辅导，让老师带着考生将薄弱的学科系统地复习一遍。考生如果能在假期中重点提升两三门薄弱学科，就能使自己的成绩明显提升。

4. 除了对薄弱学科进行重点突破，其他学科的复习同样不能懈怠。考生应根据老师讲过的主要内容，对照考试说明、课堂笔记、教材这三样内容，进行复习。考生在复习时应关注基础知识和基本技能，在假期中除了个别想突破的学科，尽量不要找难题去做。

5. 寒假复习的原则是以理解课本知识点为主，做五六套历年地方卷和全国卷的真题，结合课本看哪些方面是没有掌握的，根据题目把课本上涉及的知识点标出来，看看这些知识点在应用的时候有何先决条件，如何反向应用知识点，在具体的解题过程中在何处卡壳。在练习的过程中，考生可采用分题型练习的方法，不要再练习高考模拟题，而是找出历年的真题，每种题型坚持做一天，分知识点熟练掌握。

6. 家长可督促孩子做总结，把寒假期间复习到的知识点不能理解、知识点不能简化、知识点不会用、标准化考试题目找不到解题方法、会做没有做出来的题目都纳入总结，这样才算是主动学习。孩子在新学期带着问题去学习，能有效地提高学习效率。

7. 家长可经常跟孩子聊天，营造融洽的家庭氛围，做好孩子的后勤工作，多鼓励支持孩子。来自家庭的理解、鼓励等心理支持对舒缓孩子的紧张情绪有奇效，能够培养孩子的自信心，对考试正常发挥、考出好成绩起着非常重要的作用。

迎战高考需要家长、学生、教师相互配合。只要我们凝聚合力，埋头一假期，学生一定会在新的学期取得令人满意的成绩。

父母陪考，当好配角

案 例

今年暑假，4位高三学生的父母来电咨询。一位家长因女儿在暑假前的考试中发挥失利，出现失眠、焦虑等症状，对孩子升学失去了信心，经常说孩子没出息，照这样下去高考肯定没戏了；一位家长对很多事情过于在意，担心孩子看电视影响学习，家庭关系非常紧张；一位家长总爱拿其他学生的成绩与自己孩子比；还有一位家长做法更加极端，把家里的电视、电脑都锁起来，不仅不让儿子看，全家人都不看，好吃好喝的都放在儿子那屋，父母说事、聊天都轻声细语，生怕打扰孩子学习。

高考不是一个人的奋斗，孩子高考成功有父母一半的功劳。父母都想充当好考生的“后勤部长”的角色，但有时父母没有意识到，自己会好心办“坏事”，而这些所谓的“坏事”实际上就意味着考生心理出现了问题。以上这些案例反映了很多高三学生父母的心态。

分 析

对孩子失去信心的父母，可能一开始期望值过高，或者在“怎样才算高考成功”这个问题上存在误解。高考是考生自己的事，父母无法替代孩子参加考试。父母在高三陪考过程中扮演的是配角，而非主角，所以把自己该做的任务保质保量地完成就足矣，不仅不能过分干涉，更不能越俎代庖。

父母要以鼓励孩子为主，不要给孩子施加太多压力，多留心孩子行为和言语上的变化，了解孩子的内心世界，多从孩子的角度考虑问题。父母要明确：只要孩子在备考阶段付出百分之百的努力，在考试中充分发挥实力，就是高考成功。

极度敏感的父母想要改变心态、改善和孩子之间的关系，首先要让自己放轻松。孩子到了高三，很多事情可以自己把握，父母不要紧盯孩子，给他们增加无形的压力。父母要引导孩子行动的方向，而不是手把手去教。

高三这一年，很多事情需要孩子去承担，父母不要把所有事情都往自己身上揽，要坦然、轻松地与孩子沟通交流。父母的压力小一些，就不会事事都敏感了。

过分攀比的父母过得实在不轻松，每天在盯住自己孩子备考进度的同时还要盯紧其他考生。这往往会使孩子非常尴尬，不愿意让父母介入自己的学习和生活。过分攀比会伤害孩子心中最美好的感情，损伤孩子的自信和自尊，让孩子产生绝望感，更加沮丧，使他们更愿意一个人待在家里，从内心疏远亲情。

为了给孩子创造一个安静的复习环境，父母不看电视、没有了日常交际、说话轻声细语等过分克制的行为，也会让孩子感到加倍紧张，时间长了可能导致孩子焦虑、情绪激动，家庭关系紧张。

建 议

高三这一年，父母不仅要做好“后勤部长”，更要成为孩子的“战略参谋”。

第一，积极调整心态。学校会为高三学生制订一套复习方案，所以父母不必过多干涉孩子学习方面的事，嘱咐孩子跟着学校的进度即可。是否参加课外辅导班，父母要征求孩子的意见。如果孩子的基础不牢固、有漏洞，可安排有针对性的家教辅导。在这个过程中，父母要以平常心看待高考。如果父母心态有问题，不仅会对自己的工作效率、生活质量产生很大影响，而且可能影响孩子的心理健康、复习质量和高考成绩。

第二，做好孩子的后勤工作。在高三陪考过程中，如果说学生是主将，父母就是“后勤部长”。父母能做的，主要是生活方面的照顾：在膳食营养方面，合理搭配水果、蔬菜，保证孩子的每餐饭有足够的营养，尤其是早餐，也可以准备一些夜宵，保证每天有足够的肉类、蔬菜和水果，使孩子有充足的体力应对繁重的学习；根据气温的变化帮孩子适当增减衣服；每周陪孩子做一些运动，如打篮球或游泳，增强体质，避免孩子生病影响学习。

第三，营造和谐温馨的家庭氛围。进入高三后，相信每个孩子都会尽最大努力去拼搏。孩子本身面临的压力就不小，父母不要太在意孩子每次考试的成绩。只要孩子尽力了，什么样的结果都能接受。每天孩子放学回到家里，家庭氛围最好是温馨和谐的，开开玩笑、讲讲笑话，吃饭时聊聊天，谈些轻松和孩子感兴趣的话题。在这样的环境中，孩子心情舒畅、精神振奋，容易产生愉快的情绪体验和积极向上的进取精神，减轻压力。当孩子愿意与你沟通、交谈时，父母才能从各个方面了解孩子的学习、生活。

第四，储备必要知识，解读高考政策。掌握高考基本政策是每位高三学生父母的必修课程之一。父母从孩子进入高三起就要注意收集相关招生政策，了解往年的高校录取情况等，为孩子后续报考做好准备工作。

如何平衡孩子娱乐和学习的时间

我的儿子今年上高一，特别贪玩，上学期间，中午吃完饭、下午放学后，肯定能在学校的篮球场上见到他的身影，每天回到家，衣服都湿透了，晚上开始学习时，又总是犯困，导致学习成绩不理想。作为家长，我也知道不能总让孩子不停地学习，也要给他一定的时间娱乐，但高中的学习任务非常重，老师留的作业又多，我感觉孩子在娱乐和学习的时间安排上存在一定的问题。如何平衡孩子娱乐和学习的时间，使他既有娱乐的时间，学习成绩又有所提高呢？现在我该怎么办？

分 析

孩子喜欢运动是一个非常好的习惯。不过任何运动都不能过量。如果运动时间过长，身体就会感到疲惫。因为脑是全身新陈代谢最活跃的器官，对氧的需求量很大，约占全身氧消耗量的1/4。当人们从事紧张而又繁重的脑力劳动时，大脑皮层处于高度兴奋状态，对氧的需求量剧增。长时间地用脑，会使全身血液循环减慢，流经大脑的血量减少，引起暂时的“脑贫血”，致使大脑疲劳。这时，人的生理表现为感觉迟钝，动作不协调、不准确，肌肉痉挛、麻木等；心理表现为注意力不集中、思维迟钝、反应速度降低、记忆力下降等。长此以往，人就有可能罹患神经衰弱症。可见，只有按照大脑活动规律，合理科学地使用大脑，做到劳逸结合，才能提高孩子的学习成绩。

从生理学上来说，大脑活动的基本规律是兴奋与抑制交替。因此，要注意学习与娱乐的交替。只有合理地安排学习、娱乐的时间，才能调节大脑各个区域的活动，使工作、学习效率提高。所以家长在家辅导孩子学习时，要注意劳逸结合。

建 议

首先家长要保持清醒与冷静，认真分析孩子的情况，看孩子一天的学习、娱乐时间是否安排得合理。如娱乐时间过长，家长一定要和孩子协商，引导孩子合理安排学习、娱乐时间。

一、制订计划表

家长可以和孩子一起按照孩子的实际情况和爱好制订每天的计划表，合理地安排学习、锻炼、娱乐的时间。每个人每天的精力是有限的，一定要适当留出进行体育锻炼、看电视等运动和娱乐的时间，把写作业和复习的时间相对平均地安排开。一天的活动要有所变化，既要有固定的时间学习，也要有时间锻炼身体、娱乐。家长要引导孩子每天到了规定的时间，就开始学习相应科目，不要受其他活动影响；到了预定的时间，停止学习，去开展所安排的其他活动。

二、建立起学习和娱乐的制度

家长要和孩子一起建立起学习和娱乐的制度，当孩子提前完成了学习任务，可以奖励孩子一些时间用于锻炼、娱乐；如果孩子没有完成学习任务，就要去掉一定的娱乐时间进行学习。制度形成后，必须严格遵守。不能是家长有时间看着的时候，孩子遵守制度，没有时间时孩子就放任自流。要做到不管家长是否有时间监督孩子，孩子都能够按照规定先完成学习任务，再进行其他的娱乐活动。

三、对时间的利用要具体而实际

家长不要认为孩子只有安静下来，用整块的时间学习，效率才高。随着孩子年龄的增长，学习的科目不断增多，知识的难度也在不断地加深。孩子每天的作业量和需要复习的知识就有很多，而往往很少有整块的时间能用来做作业或复习。这时，孩子可以把一些零散的时间利用起来，如在上学的路上、候车的时候复习一些知识点；在散步的时候背背语文古诗词、英语单词等。这样，晚上面对整块的学习时间时，孩子就能够针对每门课掌握的学习情况，合理分配各科复习所需要的时间，给弱项多分配一些时间，在强项上少用点时间，对每科所采取的复习方式和所应达到的程度均有明确的计划，并且做到今日事今日毕。

四、要从微观上划分复习时间

家长要跟孩子一起规划复习时间，以一周为单位，算出除上课外，有多少时间可用于学习，把这些时间以一个小时为单位划分成几个时间段，引导孩子根据时间段，安排相应的写作业和复习内容。目标分配得越精细、越明确，学习效果会越好。

五、学习要有规律

家长要嘱咐孩子，课堂上做的笔记要在课后及时复习，不仅要复习老师在课堂上讲授的重要内容，还要复习那些仍感到模糊的认识。如果孩子坚持定期复习笔记和课本，并做一些相关的习题，一定能更深刻地理解这些内容，也会记得更深。定期复习能有效地提高孩子的考试成绩。

六、创造一个温馨、舒适、安静的学习环境

家长一定要克服困难，尽量给孩子创造一个温馨、舒适、安静的学习环境。在有条件的情况下，家长可为孩子准备一个专门的房间，让孩子安心学习。孩子房间的布置要符合其年龄特点：灯光要柔和，书桌高矮要合适，墙上可张贴陶冶孩子情操的格言、图片，备齐必要的学习用具等。电脑和电视不要放在孩子的房间里，学习时要让孩子把手机交给家长管理，以免孩子在学习时分散注意力。在没有条件的情况下，家长最好也为孩子准备一个学习角，安置书桌和椅子。家长在孩子学习的过程中要克制一些，不要在家里看电视、打麻将、大声谈笑，以免嘈杂的声音干扰孩子，让孩子难以静下心来。家长要努力为孩子构建一个温馨和谐的家庭环境，夫妻间要相互尊重、相互理解；要多和孩子沟通，成为孩子的好朋友，只有这样，孩子遇到学习上的难题时才愿意向家长倾诉。

学生篇

母女矛盾之后的亲子关系修复

孙治英

一、来访者基本情况

李某，女，14岁，中学生，从小患有哮喘病。李某6岁时，父母离异，经法院判决，李某跟母亲共同生活，每个月有几天可以去父亲家居住。由于在李某父母婚姻存续期间，父亲有严重的家暴行为，一言不合就使用暴力，三天一小打，五天一大打，最严重的一次，李某父亲曾经把她妈妈肋骨打折一根。可以说，李某就是在父亲的家暴环境下成长起来的。父母离异后，李某母亲发誓要独自将李某培养成为德智体美全面发展的好孩子。李某患有哮喘，李某母亲除了每天勤勤恳恳地工作，还找遍北京市治疗哮喘的名医给李某调理、治疗。在学习上，李某母亲对李某要求更加严格，"双减"（即有效减轻义务教育阶段学生过重作业负担和校外培训负担）政策出台之前，除了完成学校的作业，李某还要上母亲花重金给她报的很多补习班。李某没有完成任务，母亲就会用拖鞋打李某的屁股。"双减"政策落地后，学生的作业量减少了，作业基本上在学校就能完成，周末节假日没有了校外培训机构，李某就会拿手机看一些搞笑视频。李某母亲见状，就会用斥责、命令、说教，甚至打骂的方式跟孩子进行沟通，时间长了，就会造成激烈的亲子冲突。北京中小学生居家线上学习期间，我接到德育处主任电话，说李某在上网课时，跟她妈妈发生激烈的冲突，连续打了她妈妈7个耳光，撕扯她妈妈的头发。德育处主任打电话让我出面干预一下，并把李某母亲微信推送给

了我。

我没有马上联系李某母亲，而是与李某的班主任取得了联系。从班主任那儿我了解到：李某性格开朗，爱好体育、健身，擅长长跑，在学校里与同学关系较好，学习认真，能按时完成老师留的作业，学习成绩属中上等，但李某母亲期望值太高，限制李某玩手机等电子产品，孩子上网课时，时不时去孩子那里监督。那天，李某正在上班主任的语文课，班主任在电脑上看见李某打她妈妈，就立即报了学校德育处。

我从李某母亲那儿了解到：李某 6 岁时，因她父亲婚内出轨，又有家暴倾向，对李某母亲和李某非打即骂，经法院判决后二人离婚，李某跟母亲生活。从离异那天开始，李某母亲就暗暗发誓，一定要靠自己的努力，让李某过上更好的生活。母亲拼命打工挣钱给孩子治病，报补习班，除了工作，就是孩子，孩子就是母亲的一切。李某母亲就想让李某好好学习，考个好大学，找个好工作，过上父母双全的家庭的孩子都有的生活。所以李某母亲在学习上对她要求非常严格，对她玩手机非常反感，甚至坚决杜绝她玩手机。但是李某不能理解，还经常顶撞自己的母亲，不服从管教，对母亲出言不逊。

上网课以来，李某经常一边上网课，一边拿手机看搞笑视频，有时上厕所也拿着手机看，半天不出来。母亲每次都跟她讲道理，最近不知道怎么回事，李某敢跟母亲顶嘴了。那天，母亲去她那屋，发现她又在一边上网课，一边用手机看搞笑视频，母亲就斥责了她几句，没想到，她愤怒地对母亲说："从我屋出去，把门关上。如果不这么做，就打你！"当时母亲想孩子可能没有这么大的胆子，不仅没有从孩子屋子里出来，还继续批评教育孩子。没想到，孩子就冲过来打了母亲 7 个耳光……

二、来访者自述

"双减"之后，上学作息时间变了，作业负担减轻了，校外学科培训班没有了，我将更多的时间投入我感兴趣的事情上，比如锻炼身体、上网。这都很正常，我妈根本没有必要那么紧张。现在除了学习、锻炼身体，我只要干点别的，我妈就没完没了地唠叨、斥责，甚至用拖鞋打我。平时妈妈管我非常严格，每天放学去学校接我回家，不让我出去玩，只让我在家写作业、学习，电视都很少让我看。居家上网课期间，我好不容易能拿到手机，就抽空看看搞笑视频，放松一下，但只要妈妈发现了，就会对我说教半天，我感到特别烦，让妈妈出去，她也不听，我火就上来了，就动手打了妈妈。事后虽然我也很后悔、自责，但当时就是控制不住自己……

三、辅导过程

根据所收集到的信息，经过几次沟通，我对本案做出了预估分析，列出了目前为止发现的主要问题。

（一）主要问题

（1）亲子关系紧张，孩子打妈妈，母女关系冲突严重。

（2）李某曾生活在有家暴行为的家庭，耳濡目染，父母没有教给她其他解决问题的办法，遇到母女冲突时，她就会效仿父母的解决的方式——使用暴力。

（3）李某父母离异，导致家庭结构不完整，给家庭成员的心理带来了冲击。

（二）家庭结构分析

结构家庭治疗模式并不单纯解决个人行为问题，而是致力于改变来访者整个家庭的交往模式，因为结构家庭治疗模式认为，个人的问题只是表象，亲子关系的问题才是来访者问题的真正原因。因此，该模式主张通过多元化、多层次的家庭介入，改善家庭关系，最终解决来访者的个人问题。

（三）设定目标

（1）提高亲子间的沟通能力，重建亲子和谐、愉快的家庭生活。

（2）帮助来访者改善与母亲的紧张关系，改善母女间的沟通方式，减少冲突、暴力发生的次数。

（四）行动方案

（1）让李某母亲明白李某的症状并非仅仅是孩子自己的问题，而是与整个家庭沟通互动方式紧密相关。

（2）让成员明白沟通出现问题，亲子双方都有责任，而非只有单方责任。

（3）引导亲子双方积极倾听，换位思考，增强正面沟通能力。

（4）促使母女建立良好的沟通模式，修复好亲子关系。

（五）介入措施

因疫情，学生在家上网课，我首先通过德育处主任把我的微信号给李某母亲，主动自报家门，跟李某母亲取得联系。详细了解了情况后，我决定给李某母亲做好心理咨询后，再跟李某谈，以便判断问题的症结，为进一步做好心理咨询、修复亲子关系奠定基础。

我给李某母亲做了亲子沟通测试题，经过测试，知道李某母亲在亲子沟通的方式、方法上都存在一些问题。

（1）把孩子当成机器。李某母亲害怕孩子输在起跑线上，给孩子报了各种课外班，李某成了一个被安排的机器。“双减”之后，家庭作业少了，课外补习班也取消了，李某母亲忧心忡忡，又给李某安排了其他学习任务，杜绝李某玩手机等。疫情期间上网课，李某母亲看见李某一边上网课，一边看手机搞笑视频，就用斥责、命令，甚至打骂的方式跟孩子进行沟通，孩子急了，失去控制地打母亲。虽然打母亲这事，孩子肯定不对，但是从中可以看出来，李某虽然物质上得到了满足，心理需求确实是缺失的。

首先，李某是不自由的，缺乏按照自己意愿行动的能力和自由。她不能自由地选择自己的兴趣和爱好，不能放松地按照自己的感受来体验生命，生活犹如钟表一样机械地度过，没有任何精彩之处。

其次，李某的感受是没有被理解和尊重的。她不知道为什么要学这么多东西，她的真实感受无人理睬和重视，妈妈从来都不听她的心声，李某的心灵是孤独的。

最后，李某没有得到真正的爱。母亲给了她堆成山的食品和书籍，但这些不是真正的爱。真爱来自家长的关心、理解的语言和态度，体现在亲子互动和游戏中，体现在以孩子的兴趣和爱好为中心的关注中，真爱的标准在孩子的心目中，而不是父母的心目中。

（2）对孩子缺乏关爱。李某母亲只关心孩子学习，不关心其他，缺乏有效沟通手段。在与孩子沟通时，李某母亲会像复读机一样在孩子的耳边循环播放指责、命令、唠叨、抱怨等极具破坏性的语言，伤害孩子的自尊心和自信心，对亲子关系产生破坏性影响。

我给李某母亲做了 5 次心理咨询，从家长如何表达对孩子感受的理解，如何批评孩子才能听，如何表扬孩子到如何解决亲子冲突，培养孩子的自主性，与她进行了详细的沟通。每次咨询后，我都会给李某母亲留一些情景练习，并讲解如何运用美国的马歇尔 · B. 卢森堡博士提出的非暴力沟通的四个要素：观察、感受、需要、请求。

①当……的时候（说出观察到的具体事件）。

②我感到……（表达情绪和感受）

③因为我需要……（说出自己内心的需要）

④可以……么？（提出具体且合理的请求）

之后我给李某进行了 3 次咨询。

第一次咨询：

由于李某情绪不稳定，且不愿意敞开心扉，这次咨询主要以调节情绪为主，着力建立好咨询关系。

首先，我让李某指出妈妈做错的地方，确认是这些因素使她情绪失去控制；其次，我让她回答“妈妈采取这些教育方式的初衷是否有问题”并找出“妈妈为你做的特别令你反感和感动的两类事”，每类不少于 3 件，使其降低对妈妈的不满。最后，我教会李某简单的放松方法，当情绪有些失控的情况下，先转移注意力、深呼吸，一分钟后再发表自己的看法。

第二次咨询：

我先让李某思考：“妈妈的做法与你的行为是否有关联”，并引导她说出自身的问题，告诉她正是由于她的应对方式存在偏差，妈妈才会采用现在的教育方式，如果想让家长按照成人的方式对待她，给她更多的空间，她就应该让家长看到自己能完成只有成人才能独立完成的事情，比如，在学习上做出计划，自己处理自己的问题。

然后，我让李某和妈妈协商，在上网课期间，与妈妈一起制订“行为契约”，计划日常安排，什么时间学习、上网课，什么时间玩手机，并且玩完手机后，把手机放到远离学习的地方，主动让妈妈监督，告诉她这样做可以有效消除妈妈对自己的不信任，在妈妈放心的基础上，自由空间才会越来越大。

最后，我与李某母亲沟通，向她介绍了青春期孩子身心发展的特点及易出现的问题，并强调离异家庭的孩子非常缺乏安全感和爱，暴力家庭出来的孩子，父母没有教会他们解决问题的其他方法，遇到问题最简单的方法就是模仿大人，用暴力的方法来解决问题。因此，父母要给孩子预留充分的自由空间，做她喜欢和感兴趣的事情。如果孩子愿意健身，并且长跑有一定的天赋，那么在疫情期间，家长和孩子都居家办公、学习时，可以抽出一定时间一起跑步、健身，在健身的同时与孩子进行有效的沟通。当孩子敞开心扉时，家长要毫无保留地说出自己的感受。与孩子制订“行为契约”后，母亲要监督执行，并按照约定及时兑现奖励和惩罚。我还给母女俩留了家庭作业——“角色互换”，并约定一周后与母女俩进行第三次咨询。

第三次咨询：

讨论家庭作业——“角色互换”（见下表）和“快乐家庭作业”，即要求她们在谈话之前，每天记录家庭成员的一个优点，并且及时给予表扬。这种积极性的鼓励方式，可以增进成员间情感正向的支持强度，达到良好的沟通效果。在接到这个任务时，母女脸上都不同程度地露出了笑容……

“角色互换”记录表

人物／时间	李某		李某妈妈	
	评分（10）	说明	评分（10）	说明
周一	7	今天没怎么说我	8	帮我洗碗，有进步
周二	7	唠叨次数少了	9	主动跟我说了学校的事情
周三	6	又开始说我玩手机	7	玩手机，多次提醒才放下
周四	0	又开始说教了，没法沟通	2	自律性不强，刚好两天又不行了
周五	3	妈妈单位有事去处理，没有沟通	6	表现一般，不怎么跟我说话

四、辅导效果与反思

三次咨询后，我收到不少来自李某妈妈积极的信息回馈。李某目前情绪已趋于正常，虽然也有一些冲突，但是打妈妈的行为已经彻底消失了。李某最近上网课注意力集中了，上课认真听讲，能够准确回答老师提出的问题，学习自觉性高了，每天学习之余跟妈妈一起跑步、健身。李某反映，妈妈现在能够真正地放低姿态，理解和接纳自己的感受，愿意跟她说话了，更重要的是妈妈愿意听她说话了，亲子关系得到了改善和修复。

从本案可以看到，来访者李某的问题并不是仅仅把她妈妈打了那么简单，更深层次的原因在于李某经历了家庭结构的改变，而这种改变又是破裂式的，而且其父亲有很严重的家暴行为，李某耳濡目染，造成自身解决问题的方式也是使用暴力。这些经历影响了她对学习的积极性。此外，与母亲长时间在沟通上的障碍也造成了母女关系紧张。因而，从系统和结构的视角来看李某，就不应该将打人单纯归结为李某个人的行为问题，应该同时看到其家庭结构变化所带来的冲击，进而从家庭系统入手全面改善相关问题。

在咨询过程中，我注重运用结构家庭治疗模式中的一些关键技巧引导母女俩，使她们的关系从病态、紧张、冲突向较为积极、正向的方向发展，取得了一定成效。

“双减”落地，不仅让学生们的学习和生活方式有了新的变化，也让亲子互动方式随之发生改变。如果家长不及时转变教育观念，还是一味地采用过去命令、斥责、说教等方式与孩子沟通，就会导致亲子发生冲突，甚至大打出手，造成亲子关系破裂。因此，在“双减”背景下，家长要及时转变教育观念，在平等、尊重、真诚、理解的基础上跟孩子加以沟通，让孩子感受到被理解、被尊重，不要剥夺孩子表达自己思想的权利，即使不赞成孩子所说的，也应该试着换位思考，并尝试进行沟通，要相信孩子有自己的思想和处理问题的方式及能力，尽量避免做出情绪化反应和过激行为，不急不躁，耐心沟通，争取让问题得到圆满解决。

和谐家庭、快乐生活，母女俩通过共同努力去改变的经历，都将成为值得珍藏的家庭记忆……

化亲子冲突危机为契机，促进亲子关系成长

周冬梅

一、来访者基本情况

（一）一般资料

来访者是一名初中生小明（化名）的妈妈，她主动联系班主任诉说孩子的情况。由于新型冠状病毒感染反复，各中小学进行线上学习活动，许多学生居家学习，学习状态大不如线下。小明妈妈与小明住在离学校较近的出租房里进行居家学习。

（二）家庭情况

小明家庭完整，与爸爸妈妈一起生活。爸爸对待孩子严格，稍有不满就采取打骂的方式对待孩子。最近，父子俩冲突严重，妈妈也无法调解，于是带着孩子搬到离学校比较近的出租房里进行居家学习，妈妈也居家办公，母子俩在出租房办公学习的第三周出现了冲突的情况。

妈妈认为家庭关系对孩子有影响，但是爸爸对待孩子的方式她接受不了，目前分开住也是迫不得已，自己现在也不愿意主动修复关系。

（三）班主任印象

孩子主要由妈妈看管，平时沟通最多的也是妈妈。孩子妈妈的倾诉欲特别强。

二、来访者自述

妈妈反映最近连着三天小明既不上网课，也不写作业，做事拖沓，逃避问题，已经掉进舒适圈，妈妈自己感到无能为力，心力交瘁。班主任在征得家长同意的基础上，让心理老师介入。由于家长当时的情绪有些失控，无法交谈，我在当天下午利用微信与家长进行了一次长达一小时的语音沟通。

妈妈自我反省觉得孩子不上网课与自己有关，因为前两天孩子没做好语文作业，她把孩子狠狠骂了一通，情绪有些失控，第二天孩子就不愿意上课了，也不想做作业。其实那天孩子只剩下语文作业了，之所以拖沓，主要原因是对语文没兴趣。妈妈表示孩子对数学、科学、生物、劳技等学科感兴趣，即使是劳技课，他也主动记笔记，而且能记录一页的笔记，就是对语文、英语不感兴趣，这两科的作业时常放到最后才做。

妈妈发现孩子上网课时注意力不集中，经常开着课去做别的事情，学习散漫，自律意识不强。

三、辅导过程

（一）主要问题

亲子冲突加剧：由于疫情期间居家学习，亲子关系紧张，特别是爸爸的教育方式导致家庭氛围恶化。

孩子学习动力不足：小明对语文和英语不感兴趣，导致学习动力下降，出现拖延作业和逃避学习的行为。

妈妈情绪失控：妈妈在面对孩子的学习问题时，容易情绪化，并责骂孩子。这进一步加剧了亲子冲突。

（二）家庭结构分析

家庭角色失衡：爸爸过于严厉，妈妈则过于焦虑，导致家庭内部缺乏平衡和温暖。

沟通方式不当：家庭成员之间的沟通方式多为指责和抱怨，缺乏理解和

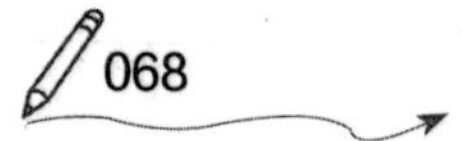

支持。

学习环境不佳：虽然搬到出租房是为了改善学习环境，但家庭内部的紧张氛围并未得到缓解。

（三）设定目标

改善亲子关系：通过有效的沟通和理解，缓解亲子冲突，建立更加和谐的家庭氛围。

激发学习动力：帮助小明找到对语文和英语的兴趣点，提高学习动力。

调整妈妈情绪：引导妈妈学会合理控制情绪，采用更加积极和理性的方式处理孩子的学习问题。

（四）行动方案

家庭会议：组织一次家庭会议，让每个人都表达自己的感受和想法，增进理解和包容。

兴趣引导：针对小明对语文和英语不感兴趣的问题，尝试通过游戏、故事、视频等多种形式激发其学习兴趣。

情绪管理训练：为妈妈提供情绪管理方面的培训和指导，帮助她学会在面对孩子的问题时保持冷静和理性。

建立学习契约：与孩子一起制订学习计划和目标，明确奖惩机制，增强其自我管理能力。

（五）介入措施

1. 家庭会议

时间：选择一个周末的下午，确保所有家庭成员都能参加。

内容：首先由妈妈表达自己对孩子的担忧和期望；然后让小明分享自己的感受和想法；最后由爸爸表达自己的观点和承诺。在会议过程中，鼓励大家相互倾听和理解，避免指责和抱怨。

2. 兴趣引导

语文：通过看一些有趣的文学作品、参加线上文学社团或参与语文游戏等方式，让小明感受到语文的魅力。

英语：通过观看英文动画片、听英文歌曲、参加线上英语角等活动，提高小明的英语学习兴趣。

3. 情绪管理训练

课程学习：为妈妈推荐一些情绪管理方面的书籍或在线课程，让她了解情绪管理的重要性和方法。

实践应用：鼓励妈妈在日常生活中实践所学到的情绪管理技巧，如深呼吸、积极自我对话、寻找放松方式等，以更好地应对孩子的问题。

（1）运用合理情绪疗法控制不良情绪。

小明妈妈十分善于反思，当出现问题后她第一时间寻找导致孩子不上网课的原因，觉得是自己对孩子的严格要求导致的。她特别想让孩子更好，当孩子达不到要求时，她的情绪就会失控。强烈的情绪反应下，她会说出大伤人心的话，对于处于青春期初期的孩子而言，这些话带来的不良影响会更大些。于是出现孩子与家长对着干的情况，不上网课、不交作业就是孩子采取的最有效的方法。针对这种情况，我主要采用合理情绪疗法进行干预，真正导致家长情绪崩溃的不是孩子不好好写语文作业，而主要是家长对这件事的看法。孩子不愿意写语文作业是和兴趣相关联的，他更喜欢数学、科学、生物等偏数理逻辑的科目，当了解孩子的特点后，我能理解孩子在语文作业上的磨蹭，此时家长应给予更多的引导和耐心，这样就能改变事情发展的方向，家长的情绪也能缓和，由情绪传染造成的不良后果就能减少。所以，妈妈要改变对事情过于冲动的做法，学会控制情绪，做情绪的主人。

（2）成为孩子居家学习的有力社会支持系统。

由于母子俩租住在出租屋，此时孩子沟通的对象只有妈妈，而妈妈既要居家办公，也要照顾孩子的日常起居及学习，时常感到心力交瘁，对待孩子更多的是提要求，对孩子的支持和理解减少。社会支持系统对个体的身心健康有显著的影响，所谓社会支持系统，即个人在自己的社会关系网络中所能获得的、来自他人的物质和精神上的帮助和支援。一个完备的社会支持系统包括亲人、朋友、同学、老师等给予的支持。良好的社会支持系统会增进心理健康，也是释放不良情绪的最佳途径。反之，没有良好的社会支持系统，不良情绪不断积压就会导致各种心理问题，个体心理健康会受到威胁。在居家学习期间，孩子的社会支持系统主要来自家中妈妈的支援，线下学习时，小明的社会支持系统还包括老师和同学的，其中同学的支持对小明尤为重要，但现在家庭系统给小明提供的更多的不是支持，而是严苛的要求，这也导致了不上网课情况的发生。妈妈可适当给予孩子明确的鼓励，以及无条件的关注和陪伴，多给予孩子支持和理解。

（3）进行自我心理素养的提升。

都说父母是孩子的第一任老师，其实孩子也是父母的第一任老师。在抚养、教育孩子的过程中，父母学会了如何为人父母。从这次孩子出现的危机事件中，小明妈妈也看到了契机，她主动提出要重拾记日记的习惯，通过记录冷静看待与孩子间的冲突，寻找突破口，促进亲子关系的和谐。她也想多看一些有关亲子教育的书籍，于是我向家长推荐了《正面管教》《非暴力沟通》《父母的语言》等书籍，相信这些知识能转化为切实的行动，促进亲子关系的发展。

四、辅导效果与反思

经过一段时间的辅导和干预，小明的学习状态和与父母的亲子关系都有了明显的改善。小明开始主动参与到学习中来，对语文和英语的兴趣也逐渐提高。同时，他也学会了更好地管理自己的时间和情绪。亲子之间的冲突明显减少，家庭氛围变得更加和谐和温馨。

（一）亲子关系的重要性

亲子关系是我们每个人来到世间的第一个人际关系，它对我们每个人的身心健康都是十分重要的。很多父母没有意识到自己与子女的关系会影响到他们的生理和心理健康、价值观念、学习素养、道德品质、社会责任以及未来的成就等。

良好的亲子关系让孩子受益终身，能够让他们获得安全感，愿意积极探索外界环境，而不良的亲子关系可能会导致孩子出现一些行为问题，甚至心理健康问题。这些问题可能暂时没有体现出不良后果，但一旦累积到一定程度，到了青春期甚至成年以后，许多后果会呈现出来。

（二）家长心理素养提升的必要性

家，是孩子的第一课堂。家长，是孩子的第一任老师。因此，为人父母，必须具备良好的心理素质。父母心理素质的高低很大程度上决定了家庭教育的成败与孩子一生的幸福感。对家长开设家长课堂、家长工作坊、家长成长热线尤为必要。

（三）家校社协同育人

2015 年印发的《教育部关于加强家庭教育工作的指导意见》中强调了加强家庭教育工作的重要意义，同时进一步明确了家长在家庭教育中的主体责任和学校在家庭教育中的重要作用。2018 年 9 月，习近平总书记在全国教育大会上明确指出："办好教育事业，家庭、学校、政府、社会都有责任。"2021 年 3 月，《中共中央关于制定国民经济和社会发展第十四个五年规划和二〇三五年远景目标纲要》明确提出了"健全学校家庭社会协同育人机制"。2022 年，教育部等 17 个部门联合印发了《全面加强和改进新时代学生心理健康工作专项行动计划（2023—2025 年）》，坚持需求驱动，系统治理，能力为主，动员政府、社会、学校、家庭、医院等多方力量，共同回应学生的心理需求，提升健康促进的能力。家校社协同育人能够提高教育质量与效果，扩大教育规模，从而为全民教育和终身教育服务。应协调家庭教育、学校教育和社会教育，通过加强交流、密切合作，形成教育合力，实现最佳育人效果的教育活动。

她为何这样对我

孙治英

一、来访者基本情况

小佳（化名），女，高中生，平时活泼开朗，乐于助人，跟同学能打成一片，学习成绩在班级属中等水平。她在宿舍中年龄偏大，又很会照顾人，平时在宿舍里，同学都会称其为大姐。高一下半学期，同学们都在紧张地准备合格考试，因为合格考试成绩直接关系到学生能否拿到高中毕业证。同学们都非常重视合格考试的复习，上完晚自习后，在宿舍里也要加班加点地复习。这天，班主任王老师领进一个学生，她叫小悦（化名），是从远郊区县转来的，并被安排到小佳所在的宿舍。由于这次合格考试对她们太重要了，所以宿舍的同学还没有来得及与小悦熟悉就投入紧张的复习中。合格考试的前一天，小悦未起床，用手摁着肚子，看上去非常难受的样子。宿舍长小佳立刻报告了值班教师，值班老师了解情况后说，小悦可能得了急性阑尾炎需马上住院治疗，可是小悦的家住在快到河北的边远山村，就是通知到她家长，当天也赶不过来。怎么办？最后来访者小佳说："大家都去上课吧，小悦由我来照顾。"就这样，小佳在医院里照料了小悦整整一天，直到小悦父母从家里赶来，小佳才赶忙返回学校。晚上小佳借来宿舍同学的笔记整整熬了一个通宵，第二天带着疲惫的身体走进考场。不出所料，她有一门政治学科没有及格。当政治老师公布结果的时候，小悦的脸上却没有任何反应。小佳心里非常难受，心里想："小悦怎么是这样一种人，我是因为照顾她才政治考了不及格，她应该感到内疚，可她表现得好像与此事毫不相干似的。”这件事令小佳大为恼火，于是，出现了一系列反常行为，开始寡言少语，听不进去同学的善意劝告；拒绝同学的帮助，不与同学来往；认为班上的同学没有一个好人，都口是心非，当面一套，背后一套，都是在利用她。渐渐地，小佳远离了这个班集体，疏远了宿舍的姐妹们。班主任发现了小佳的变化，于是带着小佳到学校的心理健康教育中心咨询……

家庭环境情况：小佳的父亲是个下岗工人，母亲因身体不好没有固定工作，靠低保维持一家人的生计。不仅如此，小佳还有一个妹妹。父母每天忙于生计，靠打一些零工贴补家用，根本无暇顾及孩子们的学业，更谈不上注意她们情绪上的变化。

二、来访者自述

我是宿舍长，在宿舍里年纪偏大。合格考试前夕，班里来了新同学小悦，大家还没有来得及熟悉，小悦就得了急性阑尾炎。她家离学校很远，家长不能马上赶到医院照顾她。我觉得我有义务去帮助她，于是主动提出到医院照顾小悦。没有想到之后我参加合格考试，政治学科不及格。最让我生气的是，小悦听了这个消息，一点都不感觉内疚，好像跟她一点关系都没有似的，她怎么这样对我……

三、辅导过程

（一）主要问题

这是一个由于人际交往失败导致的心理失衡案例。人际交往，总是为了达到某种目的，或满足某种需要，当交往达不到预期的目的或满足不了需要时，往往会使交往的一方出现心理失衡，甚至产生一系列的心理问题，如不友好、充满敌意、冷漠，甚至出现人际交往障碍。

小佳为什么会出现如此严重的交往障碍呢？我分析有如下原因：

第一，个人原因。学习成绩中等，政治学科合格考试成绩不及格，无疑给小佳幼小的心灵造成了极大的压力，同时也让她体会到由于合格考试科目不及格所带来的严重后果，产生了强烈的自卑心理。她害怕父母、害怕老师、害怕同学，害怕批评，害怕大家的目光，尽可能避免与外界的接触，尽量把自己保护起来。最让小佳大为恼火的原因是小悦“应该感到内疚，可她表现得好像与此事毫不相干似的”。小佳认为她是为了照顾小悦才会在合格考试中政治学科没能及格，小悦最少应从心理上给她一点安慰，帮助她分担此时此刻的痛苦，而小悦没做到这一点。这就给小佳心理上一个致命的打击，令她产生了上述心理问题。

第二，学校原因。由于小佳学习成绩中等，在校期间，老师关注其学习方面可能较多，缺乏对她生活上的关心和心理上的关怀。第二天就要合格考试了，值班老师不应安排同班学生去医院照顾生病的学生。

（二）家庭结构分析

小佳的父母文化程度较低，家庭生活条件差，这是导致她不能接受良好教育的直接原因。家庭教养方式要么放纵，听之任之；要么打骂，方法不当。

（三）设定目标

（1）给予无条件积极关注，取得来访者信任。

（2）探寻问题根源，引导其寻找解决问题的对策。

（3）对其进行认知调整，帮助其重建合理的认知模式。

（四）行动方案

1. 自我认知与情绪管理

（1）自我反思。

引导小佳花时间思考自己在人际交往中的优点和不足，帮助小佳回顾过去的人际交往经历，分析哪些情况处理得好，哪些情况不尽人意，从中吸取经验教训。

（2）情绪觉察。

让小佳留意自己在与人交往时的情绪变化。引导她在感到紧张、愤怒、焦虑等时，停下来问问自己为什么会有这样的情绪。

帮助小佳学会一些调节情绪的方法，如深呼吸、冥想、运动等，以便在情绪激动时能够快速平静下来。

2. 沟通技巧提升

教会小佳使用“我”语句，如“我觉得……”“我希望……”，而不是“你应该……”“你总是……”，以减少冲突和误解。

3. 人际关系维护

教会小佳，当与他人发生冲突时，不要逃避或激化矛盾，保持冷静，尝试理解对方的观点和感受；与他人采用合作的方式解决问题，共同寻找双方都能接受的解决方案；学会道歉和原谅，不要让小矛盾影响到人际关系的长期发展。

（五）介入措施

在咨询过程中，我首先采用了人本主义的“来访者中心”的方法，主要用关注、倾听、同感来与来访者交流。因为只有她对我产生了信任，才能真正将心打开，才有利于我搜集资料，提供有效帮助；只有通过积极关注，才能让学生明白自己问题的根源，找到解决问题的方法，从而加以改善。小佳在人际交往过程中，觉得他人不可信任，从不轻易向人倾诉内心的烦恼，她却把这些都告诉了我。从对生活事件的逐步深入描述来看，她把我当成了可信任的人，这对咨询的进展无疑起到了极大的促进作用。针对小佳的心理问题，教师和家长应当及时给予调节和帮助，加强对她的心理疏导，帮助她消除自我封闭，促进其交往的发展，并以此为基础，提高她的认识，培养高尚的思想境界。

在辅导过程中，采用“空椅子”技术，我让小佳对着一张椅子，想象她的朋友就坐在那张椅子上，把她内心对朋友的怨恨都说出来。小佳两眼直瞪椅子看，脸上越来越明显地写着愤怒、怨恨，终于，她开始开口，把心中的委屈、怨恨都宣泄了出来。

我试着让她认识她的非理性思维，启发她领悟自己问题症结中的非理性观念，以此帮助其重新认识自我，建立合理的认知模式，摆脱非理性观念对自我的困扰。

第一，抓住契机，消除自我封闭意识。在了解小佳的基本情况后，我首先理解和肯定了小佳在合格考试前一天去医院照顾、陪伴生病的同学这种善良、美好的行为，赞扬小佳热心帮助同学的优良品质。得到别人的帮助应当心存感激，因此小佳对小悦的无动于衷感到失望、不满是可以理解的。要想解开小佳的心结，必须抓住关键，消除她的自我封闭意识，使她乐于和老师交往、乐于和同学交往，这是解决她心理困惑的有效途径。有一次小佳因为生病，没能到学校上课。我约班主任一起驱车50多公里到她家中看望。看到我们来了，小佳的脸上出现了平时少见的笑容。老师耐心询问她的病情，同时告诉她不要着急，安心养病，落下的功课老师会帮她补上。她回学校后，班主任组织几个学习好、热心助人的同学帮她补习几门薄弱学科，目的是以学习促交往，让她交上几位热心的朋友。从此以后，在操场、图书馆、心理健康教育中心都能看到她们几个的身影。

第二，帮助小佳调整好自己的认知。不要认为对方没有流露某种情绪就意味着对方忽视了你的存在，因为每个人都有自己的交往方式。例如，小悦可能从心里感到很内疚并很痛苦，只是表现的方式不同而已。

第三，提高小佳的认识。帮助别人并不是为了获得某种回报，用先进事迹对小佳进行教育。

第四，及时与小悦沟通，了解她的想法，并且鼓励她主动向小佳表示感激，对其没考好表示歉意，并且以某种形式给予补偿。

四、辅导效果与反思

（一）辅导效果

经过一段时间的努力，心理辅导取得了可喜的成果。

小佳会主动地和老师、同学打招呼，能够和帮助她的同学正常交往。经过补考，她的政治合格考试及格了。在宿舍里，她能够与同学们正常交往，还会主动帮助同学，遇到自己解决不了的问题，会及时找老师沟通，愿意把自己的想法与老师交流。同学们与她的关系非常好。

（二）辅导反思

通过这一个案例辅导，我对心理辅导有了更进一步的认识，以下是我的几点思考和感受：

第一，良好的咨询关系是打开来访者心灵的钥匙。

该个案辅导能顺利进行，很大程度上得益于我与来访者之间良好的咨询关系。像小佳这样对人缺乏信任感的来访者心理其实是很脆弱的，如果在辅导开始的时候没有建立良好的咨询关系就会很容易让来访者产生防御心理，所以在辅导之初应给予她理解和支持以赢得她的信任，让她愿意敞开心扉诉说内心的喜怒哀乐。

第二，做好长期辅导的准备。

来访者的问题通常是长期累积下来的，并不是一两次的辅导就能解决的，如本案例。小佳的心理问题有反复性，可能经过一两次辅导后，问题暂时解决了，但由于问题本身的复杂性，它不可能就这么轻易地得到彻底解决，所以这就需要心理辅导老师做足功夫让这样的来访者继续来访。

第三，青少年人际交往问题值得关注。

具有良好人际关系的学生有着真诚、自信的性格，能够轻松地与同学交往，也容易得到别人的喜爱；能够信任、理解交往对象，对待别人较少出现防御、嫉妒、攻击等行为。人际交往存在障碍，将对学生今后的生活造成巨大的影响。因此，作为教育者，我们要理解、鼓励，与他们建立良好的关系，然后采用各种咨询技术改变他们的不良认知，激起其与人交往的兴趣和勇气，引导他们学习掌握正确的交往技巧。

单亲家庭中需要成长的不只是孩子

周冬梅

一、来访者基本情况

小 C（化名）是一名初中生，性格孤僻，不合群，表现出一定的自卑心理。他在寒假后开学第一天表现出明显的社交恐惧，不愿进入教室，担心同学的目光和评价。小 C 的家庭背景较为特殊，他来自一个单亲家庭，自幼父母离异后跟随父亲生活。父亲在一家报社工作，平时较为忙碌，与小 C 的沟通时间有限，且沟通方式是为强制性、命令式的，这进一步加剧了小 C 的心理问题。

二、来访者自述

小 C 在自述中提到，他对于学校环境有着强烈的抵触情绪，特别是开学第一天，他感到非常不安，害怕别人盯着他看，担心同学们在背后议论他。他坦言自己并不想上学，但父亲坚持让他来学校。小 C 还表示，自己很想念妈妈，希望能得到更多的关爱，但现实是他半年才能见妈妈一次，这让他感到非常孤独和失落。

在日常生活中，小 C 觉得自己什么都不如别人，性格内向，不愿意与人交流，有很强的自卑感。他提到，父亲平时对他要求很严格，经常采用命令式的语气与他沟通，这让他感到很压抑。尽管他表面上听从父亲的安排，但内心充满了反抗和不满。

三、辅导过程

（一）主要问题

通过初步接触和了解，小 C 的主要问题可以归纳为以下几点。

社交恐惧：对学校环境充满恐惧，害怕同学的眼光和评价。

自卑心理：认为自己什么都不如别人，缺乏自信心。

家庭沟通障碍：与父亲之间缺乏有效的沟通，沟通方式多是强制性、命令式的。

情感缺失：渴望得到母亲的关爱，但现实难以满足。

（二）家庭结构分析

小 C 的家庭结构相对简单，但由于父母离异，他只能跟随父亲生活。父亲作为家庭的主要经济支柱，工作压力大，平时与小 C 的沟通时间有限，且沟通方式不当，导致父子关系紧张。小 C 对母亲的思念和对母爱的渴望进一步加剧了他的情感缺失和孤独感。

（三）设定目标

针对小 C 的主要问题，我们设定了以下辅导目标。

缓解社交恐惧：通过逐步引导，帮助小 C 适应学校环境，建立自信心，减少社交恐惧。

增强自信心：通过正面激励和肯定，帮助小 C 认识到自己的优点和价值，增强自信心。

改善家庭沟通：促进父子之间的有效沟通，改变父亲的沟通方式，建立更加和谐的家庭关系。

弥补情感缺失：鼓励小 C 与母亲保持联系，同时在学校和家庭中寻找情感支持。

（四）行动方案

为实现上述目标，我们制订了以下行动方案。

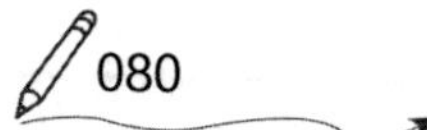

个别辅导：定期与小 C 进行一对一的辅导，倾听他的心声，了解他的需求和困惑，给予情感支持和心理疏导。

家校合作：主动约谈小 C 的父亲，指出其沟通方式存在的问题，引导他采用更加积极、民主的沟通方式，增进父子之间的理解和信任。同时，鼓励父亲多关注孩子的情感需求，给予孩子更多的关爱和支持。

社交技能训练：通过小组活动、班级互动等方式，帮助小 C 学习社交技能，提高与人交往的能力，减少社交恐惧。

兴趣培养：鼓励小 C 参与自己感兴趣的活动，如领养小猫、打羽毛球等，通过兴趣爱好来转移注意力，缓解心理压力。

（五）介入措施

在针对初一男生小 C 的介入措施过程中，我采取了以下具体步骤：

1. 深入了解背景

通过与小 C 及其班主任进行深入交流，了解小 C 的家庭背景、性格特点及心理状态。小 C 在父母离异后跟随父亲生活，父亲工作繁忙且沟通方式多是命令式的，导致父子关系疏远，小 C 性格内向、自卑、敏感。

2. 家庭沟通介入

主动约谈了小 C 的父亲，重点探讨父子沟通中存在的问题，特别是父亲命令式的沟通方式对小 C 心理的负面影响。通过引导，父亲开始意识到自身沟通方式的问题，并表达了愿意改变的意愿。

建议父亲采取更加温和、平等的沟通方式，尝试倾听孩子的内心想法，增强父子之间的情感交流。同时，鼓励父亲多关注孩子的兴趣爱好，共同参与一些活动，如领养小猫并约定共同抚养，以增进亲子关系。

3. 学校环境支持

与班主任及任课老师沟通，请求他们在课堂上给予小 C 更多的关注和支持，鼓励他参与课堂讨论和活动，逐步增强他的自信心和社交能力。

安排小 C 参与班级或学校的集体活动，如运动会、文艺演出等，让他在实践中感受集体生活的乐趣，逐渐融入集体。

4. 心理辅导介入

安排专业心理咨询师对小 C 进行心理辅导，通过心理游戏、角色扮演等方式，帮助他识别并处理自己的负面情绪，如自卑、恐惧等。

教授小 C 一些有效的沟通技巧和情绪管理方法，如深呼吸、积极自我暗示等，帮助他更好地应对生活中的挑战。

5. 持续跟踪与反馈

定期对小 C 的进展进行跟踪评估，与父亲、班主任及心理咨询师沟通，了解小 C 在各方面的变化。

四、辅导效果与反思

在此次介入过程中，我深刻认识到家长良好的沟通方式对孩子心理健康的重要性。家长应摒弃命令式的沟通方式，采用更加温和、平等的沟通方式，倾听孩子的内心想法，增强亲子之间的情感交流。

家庭环境是孩子成长的重要场所，家庭氛围、父母的教育方式等都会对孩子的心理产生深远影响。因此，在介入过程中，我特别注重改善家庭环境，增强家庭成员之间的情感联系。

学校与家庭之间的合作对于孩子的健康成长也至关重要。加强老师与家长的沟通，二者共同制订和实施干预措施，可以更好地促进孩子的全面发展。

对于存在心理问题的孩子，心理辅导是必不可少的。专业的心理辅导可以帮助孩子识别并处理负面情绪，提高自我认知和自我调节能力。

介入过程需要持续跟踪与评估，以确保干预措施的有效性和针对性。通过定期评估孩子的进展，及时调整介入策略，可以更好地促进孩子的健康成长。

在单亲家庭中，需要成长的不只是孩子，孩子的问题更多来源于家庭，来源于那个对孩子影响面较广的家长。家长改变固有的教育理念，调整教育方法，对孩子都有较大影响。作为孩子的第二父母——教师，怀着与父母同样的期望对待班里的每一个孩子。家长与学校的沟通不应仅仅是学习方面的，更应该包含人际、情绪等各方面的内容。双方若在沟通中发现彼此欠缺的地方，应及时补救，及时扭转教育方向，使孩子更为健康、积极地成长。

他们关系为何疏远了

孙治英

一、来访者基本情况

小勇（化名）和小亮（化名）是从不同的区县考入我校的，又恰巧分到了同一个班，同一个宿舍。经过一番谈话，他们彼此熟悉起来。于是在刚刚开始的初中生活中，他俩形影不离，一起吃饭，一起学习，一起回宿舍休息，一起打篮球。一晃一个月过去了，随着熟悉程度的不断增加，他们之间的关系像老朋友那样变得随便了许多。随着时间的推移，彼此的缺点也不断地暴露出来。小勇性格内向，为人谨慎，似乎有些小家子气，小亮却性格外向，为人豪爽义气。小亮有什么好的学习资料总爱和小勇共享，小勇在生病的时候没有上的课，小亮都主动地将课堂笔记和自己在课堂上所学的知识内容耐心、细致地给小勇讲解一遍。没过多久，小亮的父亲病重，他不得不请假回家照看父亲，两天后小亮父亲的病情有所好转，他马上赶回了学校。小勇只是粗略地给小亮讲了一下这两天的课，委婉地拒绝了小亮想借他课堂笔记的请求。这让小亮很失望，于是就在同学面前责备小勇，这使得小勇感到很丢人。于是在日后的相处中，他俩都感觉不自在，关系就越来越疏远了。

二、来访者自述

我和小亮原来是好朋友，可以说是形影不离，同吃同住同学习，像亲兄第一样。在这一个多月的初中生活中，因为有了小亮，我过得非常开心，但是尽管我们一样努力地学习，我的成绩却不如小亮。小亮父亲病重，他回家照顾父亲落下了几天的课。他回来后，我把这两天的主要课程给他讲了一遍，他还想借我笔记看，我觉得马上就要月考了，我还要复习，就拒绝了他。从那以后，我发现小亮有意躲着我，也不跟我一起吃饭了，回到宿舍也不怎么跟我说话，我觉得我们之间的关系越来越疏远了。

三、辅导过程

（一）主要问题

初中阶段是一个人社会化的重要时期，这就离不开人与人之间的交往。人际交往是交往双方积极主动的过程，一方主动而另一方被动势必造成交往难以正常进行。主动交往对人际交往的行进起着积极作用，它能促进人际关系的结成。在上述案例中，小勇对人际关系的认知表现是错误或片面的，这些错误的人际认知常常会阻碍在校学生的正常人际交往，最终导致他们的人际关系紧张。小勇同学不重视人际关系，认为只要学习好、行为好、得到老师的认可就行，平时不注重与同学搞好关系，不懂得与人交往的技巧，结果与小亮产生了冲突与对立。另外，小勇在人际交往过程中，出现功利心理，这对中学生在班级生活中的适应具有消极的影响。

（二）家庭结构分析

小勇的父母离异，小勇跟妈妈一起生活。妈妈的职业是保姆，经常不回家，这导致小勇无法获得个人成长和发展所需要的充足资源。家庭情感功能的弱化和教育功能的受损使得青少年出现偏差行为的危险性增加。

（三）设定目标

1. 改变错误的人际认知

在中学生当中，不少人对人际关系的认知表现为错误或片面的，这些错误的人际认知常常会阻碍在校学生的正常人际交往，导致他们的人际关系紧张。

2. 提升人际交往技能

进行人际交往需要掌握一定的技能。有些学生内心很想和别人交往、建立友谊，但是由于缺乏相应的人际交往的技能，在人际交往中屡屡受挫。

（四）行动方案

（1）确立正确的交往动机。

（2）学会宽容理解。

（3）学会关心别人。

（4）学会赞美别人。

（5）学会相互尊重。

（6）学会接受别人。

（7）学会真心待人。

（8）主动帮助别人。

（五）介入措施

1. 确立正确的交往动机

亲和动机、亲社会动机和侵犯动机是三类主要的交往动机。亲和动机是指每一个学生都希望能够通过交往而归属学校的一定群体，能够与其他同学和谐相处。如果缺乏亲和动机，就有可能使自己远离他人，产生严重的孤独感，与人格格不入。亲社会动机是在交往中希望自己有益于他人的动机。侵犯动机则是在交往中有意危害他人利益的动机，这种交往动机必将引起他人的反感，从而导致人际冲突。因此，在交往中，必须消除侵犯动机，建立亲和动机和亲社会动机。

2. 学会宽容理解

在和同学相处的过程中，要注意自己的言行，要当心自己的言行无意中伤害到同学。例如，不要对同学讲刻薄的话或损人的话。如果客观上得罪了同学，应当主动赔礼道歉。对同学，必须有最基本的礼貌和善意。同学之间能否友好相处，在很大程度上取决于相容程度。当同学之间出现矛盾时，虽然矛盾的双方都有责任，但要相信对方的行为很少是出于恶意的攻击，所以，要能理解、容忍对方的一时之举。“将军额头跑得马，宰相肚里能撑船”“退一步海阔天空”等都是这个道理。

3. 学会关心别人

人在困境中最需要朋友的关心与帮助。要细心观察别的同学有哪些忧虑，哪些同学有困难，有哪些困难，看看自己能否帮助他们排忧解难。同学学习跟不上，尽量帮助补课；同学生病了，和大家一起去看望，送去祝福；同学生活上有难处，主动与老师、同学商量，群策群力，一起去帮助解决……

4. 学会赞美别人

适时赞美别人，不代表贬低自己。学会赞美别人，说明你发现了对方的优点，你在赞美别人的同时，也会得到对方对你的赏识。赞美应是发自内心的、真情实意的表露，不应是无原则的恭维，甚至讽刺、挖苦。在与同学的交往中，如果我们能仔细观察，多注意别人，并且对别人的优点不嫉妒，不采取“不承认主义”，则常可发现他有很多方面是值得赞美的。

5. 学会相互尊重

同学之间，性格、习性不可能完全相同。例如，有人喜早起，有人爱晚睡；有人喜安静，有人爱喧闹。在这种情况下，一方面，要严格要求自己，事事注意，处处克制，尽量不要影响别人；另一方面，要体谅别人，给人以方便，不强求别人与自己的生活方式一致，倘能如此，就可以减少许多不必要的纠纷。

6. 学会接受别人

当然了，喜欢的人，你会很容易接受，但是遇到你不喜欢的人，也要试着与他和平相处，要试着包容他。其实，人不可能十全十美，每个人都有自己的闪光点。所以，平时要学会接受和包容同学，你会发现，与人相处并不难。

7. 学会真心待人

在与同学的交往中要以诚相待。在平时的学习、活动、休闲中，与同学们多谈谈心里话，多了解、多帮助一下别人，让大家在一点一滴中体会到你的真诚。久而久之，同学们就会乐意把悄悄话说给你听，成为你的知心朋友。

8. 主动帮助别人

要热情地对待同学，把同学们视作自己的兄弟姐妹。满腔热情地为大家做事，无论大事小事，只要是集体的事、同学的事，都该积极去做。同学学习有困难，你主动去帮助他，他一定很感激；你有热门的好书，不妨主动拿出来给同学们看看，也一定会让大家高兴；同学要托你办事，即使你一时办不成，如能主动解释为什么帮不了忙，他也会对你有好感。

四、辅导效果与反思

（一）辅导效果

经过咨询辅导之后，小勇知道了自己身上的不足，在沟通、合作、分享和解决冲突等方面的技能有了显著提高。他主动找小亮承认错误，两人之间的冲突和争吵明显减少，彼此的理解和包容增加，又和好如初了。

（二）辅导反思

（1）增强了对学生心理需求的理解。在辅导过程中，我有机会倾听学生在同伴交往中所面临的困惑、烦恼和期望。这让我更加深入地了解到了他们内心对于友谊、认可和归属感的渴望，以及在面对冲突和误解时的无助与迷茫。

（2）掌握了有效的沟通技巧。与学生进行开放、真诚且尊重的交流是解决他们同伴交往问题的关键。

（3）提升了解决问题的能力。针对学生各种各样的同伴交往问题，需要迅速分析问题的根源，并提出切实可行的解决方案。

都是完美惹的祸——高中新生的入学适应

孙治英

一、来访者基本情况

小旭（化名）以优异的成绩考进了高一实验班。父母都有较好的工作，家庭经济条件不错。由于父母工作都很忙，小旭平常跟爷爷、奶奶住在一起。可以说小旭是在家人的呵护下，度过了快乐、温馨的小学、初中时代。但受家庭的影响，小旭从小就形成了处处追求完美的观念，幼儿园时常得“红五星”，小学、初中时连年获评三好学生，是老师眼中的好学生，家长眼中的乖孩子。高二时，小旭由于放松了对自己的要求，成绩出现下滑，曾经被父母严厉地惩罚过。正是小旭父母的这种教育方法，让“考不到第一，就意味着给父母丢脸”的完美观念在他心里扎根，一直深深地影响着他。

二、来访者自述

在这所高手如林的高中，我无法适应住宿的生活。这里一个星期才能回一趟家，并且管理得非常严格，对什么时候起床、什么时候睡觉都有严格的规定。我很不习惯这里的生活，每天都睡不好，所以上课效率也不是很高，语、数、外可能是初中打的底子不错，成绩还不错，可是化学我怎么也学不好。我越来越感觉自己没出息，照这样发展下去，肯定考不上理想的大学。过去，爸爸、妈妈一直以我为骄傲，逢人便夸我聪明好学，年年考第一名，而现在我的成绩变成了这样，他们再也没有夸耀的资本，我真是给爸爸、妈妈丢脸。一想到这些，我就觉得自己很没用，在学校也不想跟其他同学说话。由于不适应学校的作息制度，我几次因动作缓慢，让全宿舍的同学都扣了分，受到了住宿办老师的点名批评。为此，我还流过泪，这也影响了我的课堂听课效率，导致我成绩下滑得厉害。我现在真的很讨厌、很讨厌自己，我越想越头疼，经常睡眠不好，感觉头晕晕的，看书看不下去，很讨厌现在的自己，真的。现在一想到要上化学课，我就想逃。

说着说着，小旭泣不成声……

三、辅导过程

（一）主要问题

高中生入学适应问题是指高中新生由于与周围环境不适应、不协调，在认知、情绪和行为等方面出现了一种迷茫、困惑和痛苦。每一位从小学升入初中、初中升入高中的同学都会遇到这个问题。而这个时期恰好是学生成长道路上一个重要的转折点，适应的好坏直接关系到整个学生阶段的学习，乃至一生的成败。

高中学生面临的学校适应问题主要有三大方面：首先是学业问题。学生会因学业压力过大、学习动力不足、考试有挫败感导致不自信甚至失眠等一系列问题。其次是人际交往问题。高中学校大多数都是寄宿制学校。寄宿生活的特殊环境使高中生必须朝夕相处，性格、生活习惯和价值观的不同，容易诱发学生之间的矛盾和冲突，这些矛盾和冲突如果得不到及时和较好的处理，势必会影响到高中生正常的学习和生活。最后就是亲子沟通问题。一般情况下，寄宿制学校的学生只能每周回家一次。不少学生反映，在短暂的双休日时间里，父母讲得最多的就是学习，反复叮咛他们要好好读书，抓紧学业，甚至对他们平时的表现加以批评，他们很少能与父母进行真诚的沟通与交流。这使得一些学生觉得父母不理解他们，有的学生甚至不想回家，不想与父母交流。

（二）家庭结构分析

小旭父母工作繁忙，陪伴孩子的时间不足，影响了对孩子的情感支持和生活照顾。小旭平常跟爷爷奶奶住在一起。父母在教育孩子方面非常严厉，追求完美，让“考不到第一，就意味着给父母丢脸”的完美观念在他心里扎根，一直深深地影响着他。进入高中，学生都是各个学校进来的佼佼者，父母的教育方式给小旭带来了不小的压力。

（三）设定目标

（1）调整心态，缩短升入高中后的心理适应期。学会客观对待学习上暂时落后的情况，树立信心。尽快调整心态，与老师、同学协调好人际交往。要重新审视自己，给自己一个准确的定位，适时做好心态调整，尽量缩短高中学习的心理适应期。

（2）实事求是，客观认识初中与高中的学业台阶。由于高二课程和学习难度增加，一些学生短期内适应不了，学习上容易出现暂时“掉队”现象，心理上容易出现极大的反差，所以不可避免地会出现困惑、失落、焦虑等不良心理现象。因此，高二学生要正确面对高二课程的台阶，改变学习方法，提高自主学习能力，适当培养课前预习、课后复习、考后反思与小结的学习习惯。

（3）把握分寸，恰当处理好同学之间的关系。高中阶段是学习黄金阶段，也是青春年少的学生交往的黄金阶段。在交往中，应坚持彼此尊重的底线，相互帮助，相互学习。但在说话与交往过程中，要注意自己语言的分寸，不要说过分的话，或者传播同学间的一些琐事，引起同学间的矛盾。

（4）及时沟通，家长要与孩子做知心朋友。刚升入高中，孩子会有许多不适应的地方，家长应设法与孩子做朋友，相互沟通，开展谈心活动，可以在休息时主动与孩子聊一聊，在轻松愉悦之中做一次倾心交谈，沟通一下情感与思想，及时帮孩子找出问题并解决。另外，学生在学习上出现困难，自信心受挫时，家长要及时关心，及时向老师寻求帮助。

（四）行动方案

小旭的问题，可以通过问题澄清、情绪合理化、积极的自我探索等途径解决。

1. 通过心理分析，澄清问题症结

小旭应该认识到早期积极的人生体验，是他对理想自我过高期待的原因，从而造成了他的心理困扰。他对理想自我的期待超过了自己的现实能力和精力，认为自己无论是在学习还是生活上都要比别人出色，这样才不会辜负父母的高期望。小旭要看清自己的困境与自己的早期经历和过高的理想自我期待密切相关。只有认识到这一点，他才能摆脱当前的心理困扰，调整好理想自我和现实自我之间的关系，健康地成长。

2. 建立合理的自我信念，培养积极宽容的心理品质

帮助小旭矫正自己的不合理信念，全面合理地认识现实自我，正确、准确地定位理想自我。他需要矫正的不合理信念有：自己凡事都要争第一，都要比别人强；自己只要肯努力就能把事情做到完美，无可挑剔。

3. 提高自我调节能力，不断完善自我

在个体的成长过程中，自我发展出现矛盾和冲突是一件很正常的事情，每个人的成长过程都是一个自我探索和自我完善的过程，也是自我实现的过程。对此，小旭可以把理想自我的标准定得低一些，以自己的精力和能力能够达到的为准。

（五）介入措施

本案例反映的是小旭还不太适应高中的住宿生活，出现了生活节奏总是比别人慢半拍，不能按时集合，自己的床铺总是不能达到学校的要求，化学成绩不理想等现象。我从咨询中了解到，小旭是一个完美主义者，他不仅希望学习成绩排名第一，还希望在生活上、交友上样样比别人好。化学成绩的不理想只是出现适应问题的一个诱因，生活自理能力、跟同学相处的能力不足都深深地困扰着他，他自己也意识到了这一点。升入高中以后，他就不能像以前那样，遇到不顺心的事情就哭鼻子，跟爸爸、妈妈撒娇了，这是没长大的表现。他应该提高自己各个方面的能力，这才意味着自己真正地长大了。他是这么想的，也一直是这么要求自己的。但有一天，他突然发现自己无法像自己想象的那样去处理生活中遇到的各种问题，于是他选择逃避，假装头疼。但是他发现逃避只能是暂时的，逃避后还得面对现实。经过咨询，我发现小旭出现种种新生不适应症状的根本原因是他是完美主义者，他给自

己定了一个高得不合理的目标。“只有考到班里的第一名，才没有给父母丢脸”“希望样样都比别人强”这些理念盘踞在他的脑海里，久久挥之不去。现实与理想之间的差距，让他深深地陷入痛苦之中。

为了帮助小旭尽快走出困惑，适应高中生活，我给他制订了详尽的咨询目标。首先，我通过跟小旭咨询，让小旭意识到，他现在所面临的困惑与儿时的经历有很大的关系，让小旭认识到自身存在的偏差行为对其适应现实生活会有不良的影响。正是由于小旭给自己设定的标准太高，正是这些不切实际的信念，让他出现了高中阶段的种种不适应。其次，我与小旭的父母进行了一次深度交流，并利用专职心理老师的角色，积极地与班主任、住宿办老师、化学老师，以及小旭班上的好友进行沟通交流，建立了一个完整的社会支持系统，从而为小旭创造了一个良好的家庭氛围和学校氛围。最后，我帮助小旭改变了凡事追求完美的不良认知，打破了一个不太合理的准则和梦幻，目的是希望小旭能自己给自己松绑，活得更真实、更合理，而不是挫败他的进取心，破灭他的理想。因此，经过一段时间的咨询，小旭建立起了一个比较真实、合理的自我评价标准，对自己也有了比较成熟的认识和理解。

解除了自我的束缚和重压之后，小旭觉得学习变得轻松、有乐趣了，成绩也提高了，重新进入了良性循环。

四、辅导效果与反思

（一）辅导效果

经过7次心理咨询，小旭基本能够适应高中的学习生活，逐渐喜欢上住宿制生活，和同学相处也没有了压力，从原先和同学争第一、比成绩的非理性状态，转变成能客观地评价自己的理性状态。

（二）辅导反思

（1）有完美主义倾向可能会使学生在面对新的学习环境和任务时，给自己施加过大的压力。他们往往给自己设定过高的标准，一旦无法达到，就容易产生挫败感和焦虑情绪。

（2）有完美主义倾向的学生在人际交往中也可能存在困扰。他们对自己和他人的要求都较高，可能会在与同学合作或交流时表现出过于挑剔的态度，从而影响人际关系的建立和维护。

（3）在引导他们调整心态和认知方式方面，我的辅导策略还需要进一步优化，以进一步与来访者探讨完美主义者背后的深层次原因，如家庭环境、成长经历等，并有针对性地进行心理疏导和认知重建。

（4）面对完美主义倾向的入学不适应者，我要更加注重全面了解他们的个性特点和心理需求，制订更具个性化和长期有效的辅导计划。

（5）加强家校沟通与合作，设法让家校共同为学生创造一个支持性的成长环境，帮助他们更好地适应新的学习生活。

妈妈，我想回家——高一新生恋家心理

孙治英

中考是个分水岭，中考过后，许多同学通过自己的努力考入了自己的理想高中继续学习。对于这些学生来说，在踏入高中学校的那一刻，每个人都在面对一个全新的世界，无论是生活环境、学习方法，还是个人的社会角色都会发生巨大的变化。环境的变化、生活方式的改变会带来许多不适和烦恼。如何尽快地适应新环境，实现角色的转变，学好本领，是刚步入高中校园的学生面临的第一个挑战。

一、来访者基本情况

小艺（化名）从延庆区以优异的成绩考入北京市的一所重点学校，她是家里的独生女，初中时住在家里，生活上的一切都由父母安排，无须自己操心，渐渐地她养成了依赖父母的习惯。来到高中之后，她对自己即将面临独立生活不知所措。学校宿舍比较简陋，8 人一间的宿舍，每人只有一个小小的柜子放物品，自己大包小包的东西无处可放，更难以忍受的是，每层楼只有一个卫生间，早晨上厕所要排队，学校的住宿管理是准军事化管理，吃饭时要排很长很长的队才能打到饭菜，还要自己洗衣服，这些使曾经衣来伸手、饭来张口的小艺非常难过。报到当天，当着父母的面小艺又不好说什么，觉得忍一忍可能就过去了。小艺喜欢安静，进入高中后住在多人宿舍里，晚上躺在床上，怎么也睡不着觉，尤其是熄灯以后，同学们都叽叽喳喳说个不停。她躺在床上，想着自己将有 3 年时间独立面对陌生的人，在这个陌生的环境下读书、学习和生活，一时找不到新朋友，无法倾诉所遇到的烦恼。看着自己的同学、舍友三一群两一伙地整天有说有笑的，小艺就感到十分孤单，心里的失落感加重。她每天打电话跟妈妈诉苦，哭着喊着要回家，并恳求父母给她转到家附近的学校学习。但父母并没有同意，他们觉得这种对环境的不适应是新生常见的一个问题，习惯了慢慢就会好的。现在小艺觉得很压抑，终日以泪洗面，越来越不开心，她想到自己还要在这个学校待上3年，心里便充满了绝望。

二、来访者自述

我是家里的独生女，父母都特别爱我，除了学习，妈妈几乎把我的生活安排得妥妥帖帖的，根本就不用我操心。中考填报志愿的时候，我特别想考个家附近的好高中就行了。但是在这个问题上，父母意见出奇的一致，他们想让我上个好高中，考个好大学。他们没有答应我的要求，就是按我的成绩给我填报的志愿。我来到新学校后，看到学校宿舍的简陋拥挤，8个人在一个空间下生活，感到非常不适应，想到自己还要在这个学校待上3年，心里便充满了绝望。

三、辅导过程

（一）主要问题

1.情绪低落

小艺对高中学校的生活条件不满意，并害怕独立生活。热闹的宿舍环境对其作息规律产生了极大的冲击。她在开学第一个晚上就偷偷地哭，且在随后的日子里也有情绪低落的表现，“觉得自己越来越压抑”“想到自己还要在这个学校待上3年，心里便充满了绝望”。这种低落的情绪如果不引起老师和家长的足够重视，任意发展下去，严重时会引发抑郁症等心理问题，影响学业。

2. 交往回避

小艺是从郊区来到市里学习的。初到学校，独自面对完全陌生的环境和陌生的人，远离家人和以往熟悉的同学朋友，又一时找不到新朋友，无法倾诉所遇到的烦恼，她心中倍感孤单。然而，小艺并没有主动与同学交往，反而把自己封闭起来，这加剧了这种孤单感。

小艺的这种情况属于新生适应不良，也称学校适应不良综合征，在新生中尤为常见。心理适应通常是指当外部环境发生变化时，人们通过自我调节系统做出能动反应，使自己的心理活动和行为方式更加符合环境变化和自身发展的要求，使主体与环境达到新的平衡。

高中学生正处于青春期，心理上存在许多不够成熟的地方，在生活的许多方面仍需要父母的照顾。对于住宿的高一新生而言，刚到一个陌生的环境，都会经历一个从不适应到逐步适应的过程，而在这个过程中，不免会出现一些与适应相关的心理和行为上的变化。对于小艺来说，她从初中来到高中学习，面临着许多困难，首先是远离家人，独自面对生活。这对于没有住校生活经验，还没有养成独立生活习惯的小艺来说，无疑是一个巨大的挑战。其次是人际关系的改变。来到高中之后，小艺身边都是陌生的同学，而人是社会性的动物，人际交往是人在社会生活中的一项基本需求，处于青春期的高中生，更有着迫切的人际交往的需求，对人际关系有很高的期待。然而，小艺找不到熟悉的同学和朋友，又没有积极主动地去接触新同学、去结识新朋友，而是把自己封闭在一个角落里。这种状况使她的人际交往需求得不到满足，找不到对学校的认同感和归属感，最终才会认为学校哪个地方都不好，不断地给家里打电话，哭着喊着要回家，恳求父母将自己转到离家近的学校上学。

（二）家庭结构分析

父母 37 岁时才生下小艺，对小艺的父母来说，她是上天给他们的礼物。从小到大，父母全权安排小艺的生活，小艺过着衣来伸手、饭来张口的生活。父母过于宠爱孩子，导致小艺独立自主能力较差，面对学校的规则和集体生活难以适应。

（三）设定目标

（1）认真倾听孩子的心声，提供必要的心理支持。

（2）帮助小艺调整错误的认知。

（3）建议学校采取必要的措施增进新生对学校的了解，增加他们对学校的熟悉度，缓解他们的入学适应问题。

（四）行动方案

（1）帮助小艺提高入学适应性，增强其在新学习环境中的自信心和适应能力，促进其在学业、社交和心理方面的健康发展。鼓励小艺积极参与各项适应活动，努力调整自身状态。

（2）让班主任和住宿办老师一起密切关注小艺状态，提供针对性的指导和帮助。

（3）跟家长联系，请他们提供情感支持，积极配合学校的各项安排，加强与小艺的沟通。

（4）每隔两周，请教师、家长、小艺共同对适应情况进行评估，根据评估结果调整行动方案。

（5）定期搜集各方的反馈意见，对行动方案进行优化和完善，确保其有效性和可行性。

（五）介入措施

生活上的适应不良是高中新生所面临的普遍问题。高中生处于青春期，心理上存在许多不够成熟的地方，生活中的许多方面仍需要父母照顾，而生活环境不一样、生活方式的改变，以及人际关系的更新等都会对高一新生造成心理上的压力，他们开始需要独立去面对和解决问题，把自己锻炼成一个独立自主的人。高一新生在刚入学的一段时间里感到孤独是很正常的事，但是如果在一段相当长的时间内都存在孤独感并影响了日常学习和生活，学校、家长和学生本人都要引起重视，学校的心理教师应对其给予关注。

首先，家长、老师要关注孩子的心理变化，认真倾听孩子的心声，提供必要的心理支持。

小艺的心情压抑、情绪低落缘于没有得到父母的理解，在她抱怨学校不好、要求回家时遭到父母拒绝。小艺的委屈和压抑需要一个宣泄的出口。家长遇到这个情况，不要一味地拒绝，一方面要耐心倾听孩子的心声，另一方面应立即与学校心理教师取得联系，由学校的专职心理教师以一个平等的身份充当她的倾听者，以一种非批判、接纳的态度，让小艺能够敞开心扉诉说她的委屈，使消极的情绪得以宣泄。这有利于心理教师与之建立信任的咨询关系，有助于今后咨询的进行。

其次，我帮助小艺调整错误的认知。

适应不良使小艺以消极的态度来看待学校，关注学校不好的一面，从而加剧了她的消极情绪，形成了一种恶性循环。为此，我和小艺进行了“这个学校真的是什么都不好吗”的讨论，与小艺分析产生这种认知偏差的深层次原因，并请她以相对客观、公正的态度找出学校的优点和不足之处，引导她关注学校的优点，以缓解她的消极情绪。另外我也和小艺讨论了“适应”这个话题，调整小艺对学校适应的认知偏差，引导小艺要正确认识到在一个陌生的环境中，人都会有一个从不适应到适应的过程。事实上，她身边的同学也都在适应的过程中，只是有些人表现得明显一些，有些人压在心里，没有表现出来而已，以帮助小艺接受自己目前不适应的状况，并积极寻找解决办法。

再次，建议学校采取必要的措施增进新生对学校的了解，增加他们对学校的熟悉度，缓解他们的入学适应问题。

小艺的情况是大部分新生入学时存在种种适应问题的一个缩影。为了促进学生更好地适应学校生活，我建议学校采取一些措施，帮助学生更好地适应学校的校园生活。

第一，帮助学生在最短的时间内熟悉学校的校园环境。初中生升入高中，会接触到新环境，教师要调动学生的积极性去熟悉校园，迈好高中生活的第一步，缓解他们的紧张和焦虑感；利用心理学科的有利优势，组织开展高年级学生与新生的经验交流会、制作新生入学指导手册、开展入学教育等，帮助所有新生熟悉环境。

第二，帮助学生掌握常用的活动方法。教师可以将一个班级的学生分成若干个小组，分别承担画出学校不同地点的方位图并作出功能性介绍的任务。这样会让每一个学生在很短的时间内对学校有一个大致的了解，学生可以更主动和高效地利用学校的设施和资源满足自我需要，这样他们对陌生环境的焦虑感就会降低。

第三，帮助学生体会学校的特色文化和育人氛围。

第四，搭建高中生与班主任及任课老师沟通的平台。

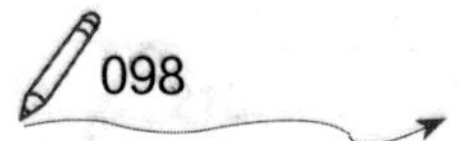

第五，引导班级里同学之间相互了解，融洽相处。

最后，给予小艺行为上的指导，使她能够通过自己的行动，去改变现状，适应高中生活。

（1）确立正确态度，正视现实矛盾。

个人对环境的态度影响着她在环境中的行为方式，以及环境对她的影响程度。当个人对环境持肯定与满意的态度时，她善于从环境中不断摄取有利于自身发展的各种因素。要让小艺知道，必须善于学会与环境交流，必须认识到适应新生活是一种必然，要想缩短自己的适应期，就必须以一种积极主动的心态对待现实矛盾。

（2）培养自主意识，建立新的学习生活规范。

想要适应环境，个体必须培养个人的自主意识、学会独立地思考问题与自主地解决问题。想要建立新的、合理的生活规律，个体必须对学习、生活进行有效的安排。只有生活变得很有规律，并且将几乎所能考虑到的因素全部列入计划，人内心的紧张与不安才能够逐渐消失，生活才会变得丰富多彩。

（3）给予小艺相应的人际交往技巧的指导。

鼓励小艺打破自我封闭状态，主动、热情地与人交往，在交往中敞开心扉，以诚相待，主动与同学打招呼，增加与宿舍同学聊天的时间，慢慢融入宿舍生活中去；正确认识个人与集体的关系，以积极的姿态投身于班级生活，积极参加班级活动，建立自己新的人际交往圈子，力争尽早获得集体的认同，通过自己的行动，去改变现状，适应高中的生活。

四、辅导效果与反思

（一）辅导效果

经过一个月的家校协同共育，小艺和宿舍同学交往得很好，大家以姐妹相称。每次返校，大家都带一些家乡的土特产拿到宿舍“聚餐”，小艺也融入宿舍生活中了。她能够积极参加学校、班级组织的各项活动，再也没有和妈妈提出转学的事。

（二）辅导反思

（1）在对入学适应性不强的学生进行辅导的过程中，我深刻认识到这是需要家校协同共育、持续关注和灵活调整策略的工作，在辅导前充分了解学生的具体情况，制订个性化的辅导方案。

（2）加强与家长的深度合作，定期交流学生的表现和变化，共同商讨最适合学生的辅导方法。

（3）关注学生的情感需求，采用更多样的心理辅导技巧和方法，帮助学生建立积极心态。

（4）建立完善的跟踪评估机制，定期对辅导效果进行评估和总结，不断优化辅导策略。

一个普通却又特别的少年

周冬梅

一、来访者基本情况

小夏（化名），一个15岁的中学男生，目前正处在人生的一个重要转折点上。在这个年纪，他正经历着青春期的困惑和挑战，同时也在探索自我和未来的可能性。小夏反映，自己在人多的场合经常感到紧张，这种紧张有时会让他的呼吸变得不均匀，甚至会让他的鼻子发出声音，这让他感到非常尴尬。他在学习时难以集中注意力，经常不由自主地被一些与学习无关的事情吸引，有时甚至会发呆，这严重影响了他的学习效率和成绩。

小夏对未来充满了憧憬，他渴望进入一所优秀的学校，一个压力不大、能够让他茁壮成长的地方。他希望在那里，不仅能够继续学业，还能考上一个好的大学，为未来铺平道路。然而，这些期望也给他带来了一定的焦虑，他担心自己没法实现这些目标。

面对这些挑战和期望，小夏选择寻求专业的帮助。他来到了辅导室，希望能够找到解决自己问题的钥匙。

二、来访者自述

小夏表达了自己在人多场合的紧张感，以及学习时注意力难以集中的问题。他对未来有着自己的期望，希望能够进入一所优秀的学校，并为未来铺平道路，但这些期望也给他带来了焦虑。

三、辅导过程

（一）主要问题

（1）在人多的场合有紧张感。

（2）学习时注意力不集中。

（3）对未来感到焦虑。

（二）设定目标

（1）短期目标：提高学习效率，准备初三模拟考试。

（2）长期目标：进入优秀的学校，考上好大学，为未来铺平道路。

（三）行动方案

（1）环境调整：利用晚上的黄金学习时间，创造有利于学习的环境。

（2）专注力提升：通过冥想和深呼吸等方法提高专注力。

（3）学习兴趣结合：将学习内容与个人兴趣结合，提高学习积极性。

（4）任务分解：将大的学习任务分解为小的、可实现的任务，并建立奖励机制。

（四）介入措施

在辅导过程中，小夏和老师共同摸索，采取了一系列具体措施，以克服学习中的困难和提升自我管理能力。

首先，我关注了小夏同学的学习环境。通过将手机、电脑等可能引起分心的电子设备放置在视线之外，使得学习空间变得更加安静和整洁。这种改变显著减少了学习时的干扰，能够使小夏更专注于手头的任务。

其次，我协助他设置明确的学习目标，并建立了一个奖励机制。将大的学习任务分解为一系列小的、可实现的任务，并为每完成一个任务设定了奖励。这种做法不仅提高了他的学习动力，而且帮助他逐步养成了专注学习的习惯。

再次，为了进一步提升小夏同学的学习兴趣，我鼓励他寻找学习内容中与个人兴趣相契合的部分。例如，如果小夏同学对历史感兴趣，我建议他在学习历史时，尝试从自己感兴趣的历史事件或人物入手，以提高学习的积极性。

另外，鉴于小夏同学反映在学习时难以集中注意力，我建议他尝试一些专注力训练的方法，特别是冥想和深呼吸练习。这些方法有助于放松身心，提高专注力。每天花几分钟时间进行这些练习，以增强自我调节能力。

同时，为了更好地管理学习任务，我建议他将任务分解，并制订每周的学习计划。这样，可以更清晰地看到每天需要完成的具体任务，从而提高执行力和时间管理能力。

最后，除了学习之外，我鼓励小夏同学参与体育锻炼，如跑步和练习南拳。这些活动不仅有助于提高他的体质，还能帮助他在紧张的学习之余放松身心。

1. 第一次辅导：自我发现与环境调整

在第一次辅导中，小夏同学带着在人多的场合容易紧张的问题来到了咨询室。通过沟通，他开始意识到自己在学习计划性方面有进步，这让他感到一丝自信。我引导他思考在什么情况下能够集中注意力，他回忆起在课堂上，当专注于听老师讲课时，紧张感会减轻。这个发现帮助小夏认识到，注意力的集中可能是他应对紧张的关键。

我建议小夏同学利用晚上的黄金学习时间，即晚上 8 点到 10 点，来提高学习效率。我解答了小夏关于升学择业的问题，鼓励他朝着示范学校努力，并为即将到来的初三模拟考试制订学习目标。

2. 第二次辅导：专注力提升与兴趣结合

小夏同学表达了对自己在学习时无法集中注意力的担忧。我提出了几个具体的策略，包括创造一个有利于学习的环境，设定明确的学习目标和奖励机制，以及尝试将学习内容与他的兴趣爱好结合，推荐了一些专注力训练方法，比如冥想和深呼吸，以帮助小夏同学提高专注力。

3. 第三次辅导：持续进步与鼓励

小夏同学带来了积极的反馈。他感觉自己在有计划地做事方面取得了进步，特别是在历史学习上。我及时给予了鼓励，并建议他在英语学习上采取背诵范文的策略，以增强语感和表达能力。

4. 第四次辅导：综合反馈与持续支持

小夏同学分享了自己在体育活动和语文、政治学习上的进步。我建议他继续分解任务到每周计划中，每晚练习 1000 米跑，每周背一篇英语作文，以保持学习的连续性和稳定性。我向家长强调了对孩子予以持续的鼓励和支持的重要性。

通过这些措施的实施，小夏在以下几个方面取得了显著的进步：

能够更有效地管理时间，并且学习时更加专注。他能够按照计划完成任务，并且感到自己在学习上取得了进步。

通过专注力训练和环境管理，他在学习时注意力更加集中。他发现自己现在能够更长时间地专注于学习材料，而不是像以前那样容易分心。

他在历史、语文和政治等科目上的成绩有所提高，这反映了学习效率和理解能力的提升。

通过辅导，小夏在人多的场合感到紧张的状况有所减轻。他学会了通过深呼吸等技巧来管理自己的情绪反应。

通过定期的体育锻炼，他不仅提高了自己的体能，也学会了通过体育活动来缓解学习压力。

五、辅导效果与反思

在对小夏同学的辅导过程中，我深刻体会到了青春期学生在学业、情绪管理和未来规划上面临的挑战。通过这一系列的辅导，我对以下几个方面的理解更深刻了。

（1）个性化辅导的重要性。每个学生都有其独特的个性和需求，辅导时应注重个性化的引导和支持，帮助他们找到适合自己的学习方法和应对策略。

（2）正面反馈的力量。及时发现并肯定学生的进步，对于增强他们的自信心和改变动力至关重要。这种正面的反馈能够激发学生的内在动力，促进他们的自我成长。

（3）家校合作的必要性。家庭和学校是学生成长的两大支持系统。教师应加强与家长的沟通，与家长一道为学生提供一个稳定、支持的环境，这对于他们的全面发展至关重要。

（4）持续支持的重要性。学生的进步不是一蹴而就的，需要持续的关注和支持。辅导教师应该提供长期的、连贯的指导，帮助学生在面对挑战时保持积极的态度。

对小夏的辅导过程也是我自我反思和成长的过程。通过与学生互动，我也在不断学习和提升自己的专业技能，以更好地服务于学生的发展。总之，辅导不仅仅是解决学生当前的问题，更是帮助他们建立起面对未来挑战的能力和信心。作为辅导教师，我们应该以开放的心态，不断学习和成长，为学生的全面发展提供坚实的支持。

偏执之茧：一例高中生人格偏执的专业探析

周冬梅

在心理健康领域，偏执型人格障碍是一种常见的心理障碍，其特点在于个体对他人持有持续的不信任，本人多疑、固执以及具有强烈的自我保护意识。这种人格特征不仅影响个体的社交关系，还可能对其学业、职业乃至整个人生轨迹产生深远影响。本报告将围绕一名高中生小 A（化名）的个案，详细分析其偏执型人格的表现、成因，对其的辅导过程及其反思，以期为类似案例的处理提供参考。

一、来访者基本情况

小 A，女，17 岁，高中生，来自一个中等收入家庭，父母均为普通职员。其家庭氛围相对严肃，父母对孩子要求较高，但缺乏足够的情感沟通和支持。小 A 性格内向，自负清高，孤僻冷漠，对他人持有高度戒心，不易相信他人。她行为刻板，喜欢按照自己的方式行事，不善于接受他人的意见和建议。她自幼聪明伶俐，学习成绩一直名列前茅。进入高中后，她自认为成绩优异，常感他人嫉妒，与同学间的竞争加剧，导致其心理压力增大，与同学关系紧张，常因小事与人发生争执，对集体活动持逆反心理，不愿参与。她缺乏真正的朋友，常感到孤独和被孤立。

二、来访者自述

在一次心理健康课的课后，小 A 主动找到学校心理老师，表达了自己的困扰。她情绪激动地表示："老师，我真的受不了了！他们总是在背后说我坏话，还不跟我玩。我明明没做错什么，为什么他们都要针对我？"小 A 进一步诉说自己在班级中的遭遇，她认为同学们经常在背后议论她，对她指指点点，甚至故意孤立她。她表示自己对班主任的集体活动感到厌烦和抵触，认为这些活动无聊且浪费时间。同时，她还对父母的关心感到厌烦，认为他们不理解自己，只会一味地要求自己好好学习。

三、辅导过程

（一）初步评估与建立关系

在初次咨询中，心理咨询师首先对小 A 进行了初步的心理评估，确认其存在偏执型人格特征。随后，心理咨询师运用共情技术，站在小 A 的立场看问题，让她感受到被理解和支持。通过耐心的倾听和适时的回应，心理咨询师与小 A 建立了初步的信任关系，为后续的辅导工作打下了良好的基础。

（二）主要问题

通过对小 A 的详细了解和评估，心理咨询师总结出以下主要问题：

偏执型人格特征：小 A 对他人持有持续的不信任，多疑、固执，难以建立稳定的社交关系。

情绪障碍：小 A 情绪易激动，常因小事愤怒，情绪控制能力差。

认知偏差：小 A 存在明显的认知偏差，常将他人的正常行为解读为恶意攻击或排斥自己。

家庭支持不足：小 A 的家庭氛围严肃，父母缺乏足够的情感沟通和支持，导致她难以从家庭中获得安全感。

（三）家庭结构分析

虽然来访者在自述中未提及家庭结构细节，但心理咨询师通过与小 A 的交流以及对其行为模式的分析，推测其家庭可能存在以下问题。

父母期望过高：小 A 的父母对其学业成绩有着过高的期望，导致她承受了巨大的心理压力。

情感沟通缺失：小 A 的父母与小 A 缺乏有效的情感沟通，导致她难以感受到家庭的温暖和支持。

教育方式单一：父母可能过于注重学业成绩，而忽视了对小 A 的心理健康的关注和社交能力的培养。

（四）设定目标

基于以上分析，心理咨询师与小 A 共同设定了以下辅导目标。

短期目标：缓解小 A 的紧张情绪，减少其多疑和敏感行为，改善其与同学间的关系。

中期目标：通过理性情绪疗法和认知行为疗法，纠正小 A 的错误认知和认知风格，提高其认知水平。

长期目标：培养小 A 的积极品质和美德，提升其心理素质，帮助其建立稳定的社交关系，促进其全面发展。

（五）行动方案

为了实现上述目标，心理咨询师制订了以下行动方案。

建立互信关系：继续运用共情技术，加深与小 A 的信任关系，让她感受到被理解和支持。

情绪管理训练：教授小 A 情绪管理技巧，如深呼吸、放松训练等，帮助她控制情绪，减少冲动行为。

理性情绪疗法：引导小 A 识别并纠正自己的不合理信念和认知偏差，学会以更加客观和理性的态度看待他人和事物。

社交技能训练：通过角色扮演、小组讨论等方式，帮助小 A 掌握社交技能，学会与人建立良好的沟通和互动关系。

（六）介入措施

本次小 A 主动来咨询，本来她只是想发泄一下，泄泄愤就达到目的了。到了这里后，她发现心理咨询师能站在她的立场上看问题，顿时找到了知音，才有后面的连续咨询。共情技术的应用对咨访双方在咨询初期建立良好的关系有不可忽视的作用。

对有偏执型人格的高中生，主要是要引导其克服多疑、敏感、固执和以自我为中心的人格特征。

1. 理性情绪疗法

该理论认为，人们的情绪是由人的思维、人的信念引起的，而不合理的信念往往会使人们陷入情绪障碍之中。不合理信念的几个特征：绝对化的要求、过分概括化、糟糕至极。可以通过纠正错误认知和认知风格，提高其认知水平。

由于偏执型人格高中生对别人不信任、敏感多疑，不愿意接受任何善意的忠告和与自己意见相左的观点，因此，首先要与他们建立起互信关系，再在相互信任的基础上交流情感体验，向他们全面介绍其自身存在的人格特点和其性质、危害性及矫正方法，引导他们对自己进行正确、客观的自我评价，并自觉自愿地产生要改变自身人格缺陷的强烈愿望。

2. 交友训练法

具有偏执型人格的人也会出现社交障碍，可以运用交友训练法，鼓励其积极、主动地与身边的人交流，在沟通的过程中，学会信任别人，以消除不安全感，学会真诚面对，以诚交心。人际交往的目的在于寻求友谊和帮助，交流思想情感，消除心理障碍，逐步纠正偏执心理。

3. 自我暗示法

自我暗示指通过主观想象某种特殊的人与事物的存在来进行自我刺激，达到改变行为和主观经验的目的。偏执型人格障碍患者易对他人和周围环境充满敌意和不信任感。经常提醒自己不要陷于“敌对心理”的漩涡中，事先自我提醒和警告，并在处世待人时注意纠正，可以明显减轻敌意心理和强烈的情绪反应。

四、辅导效果与反思

人格方面的障碍是需要更多时间、综合运用更多方法处理的一种心理健康问题，所以需要进行系统的分析和干预。通过对这例偏执型人格个案进行干预，我有以下几点收获：

（1）高中生所处的阶段——心理断乳期——决定了他们的心理健康问题更加复杂，需要更多的爱心投入。

（2）高中生所具有的积极素质有待提高，积极心理学的理念需要贯彻其中。培养他们的积极品质和美德，学生的心理素质自然会有提升。

（3）单纯运用一种咨询方法，已经不能满足治疗心理问题的需要。心理咨询师需要掌握多种心理咨询方法和技巧，灵活运用，合理安排。

（4）每一种心理问题的出现，都是各种因素综合的结果，除了自身因素，还包括家庭、学校、社会等因素，所以需要多方面考虑。

随着社会发展，竞争加剧，许多高中生不堪重负，精神濒临崩溃的边缘。校园里因心理问题引发的恶性事件屡见不鲜，还有一些学生，虽然表面看来一切正常，但内心默默承受越来越大的心理压力。高中生，作为思想最活跃、感受最灵敏、对自己期望很高、对挫折的承受力不强的一个特殊群体，心理健康更受着极大的威胁和考验。然而，由于长期以来对心理健康的误解，许多学生对心理健康缺乏正确认识，对自己的心理状态缺乏了解，对自己的发展更缺乏明确的人生规划，因此，高中阶段成为心理疾病发病的高峰阶段，对学生进行心理健康教育已成为当务之急。

压抑到胃里的焦虑

孙治英

一、来访者基本情况

小娜（化名）是高三年级的一名学生。在前不久的“一模”英语考试中，广播里刚播放完英语听力，学生们正要动笔作答时，小娜出现了胃痉挛的症状，一疼起来真是痛苦万分，小脸煞白，不停地流汗，身体跟虚脱一样，根本无法继续考试。这种症状一直持续了 20 多分钟，她的英语考试成绩可想而知，非常不理想。班主任老师与她父母一起带着她到学校附近的三甲医院做检查，发现小娜患有胃溃疡，其他地方未发现任何问题。医院的医生认为焦虑的情绪是导致她胃溃疡的主要诱因之一。很多情绪反应会在胃内体现，因此医生说胃的反应是心的表情。有的时候，身体上的病痛与精神有着密切的关系。胃溃疡的心理意义是对自我的恐惧，担心失败，不够完美。经常受到胃溃疡的困扰，从心理角度分析可能意味着自我接纳的不够，心理自由度不够高。人们在情绪得不到直接表达的时候，压抑的情绪就会体现在身体上，这种由心理原因引起的生理反应，在心理学中叫作躯体化症状。医生认为小娜的浅表性胃炎迅速恶化，变成了轻度胃溃疡，和她的紧张情绪有关，建议她到学校的心理健康教育中心做一些辅助性的心理治疗。

二、来访者自述

我的家庭是三口之家，父母都是知识分子，就我这么一个宝贝闺女。父母自身要求非常严格，追求完美，对我的期望值非常高。在这样的家庭教养方式培养下，我在幼儿园、小学、初中都以第一名的身份度过了美好的时光。可以说，从小到大我都是在一片赞扬声中成长起来的，老师把我誉为学生学习的楷模，街坊邻居把我当成自己孩子学习的榜样。

中考时，我以全校第一名的录取成绩考入高中实验班。在高一，我总是摆不好自己的位置，做任何事情总是有一种要做给大家看的心态，“我是一个优秀生，我一定不能给老师丢脸”。当时家里给我的压力也相当大，母亲总是跑到学校去看我的成绩，当然我自己给自己的压力就更大了，如果在考试中一科成绩不行了或考得差一点，或者在课堂上有什么问题没有听懂，我就很紧张，就会出现胃疼的现象。

我的胃病是老毛病了，上初中的时候就有，一疼起来很要命，什么东西都不能吃，有时候还吐酸水。我久病成医，对胃疼有了经验，通常吃药不管用，疼几天就过去了，或者一会儿就好。我心情不好的时候就特别容易胃疼。在这样的状况下，尽管我的成绩在我校实验班里还保持前几名，但是我感觉学习和生活相当的累，缺少轻松与快乐。年龄虽小，我却总觉得自己老气横秋，没有精神。由于自己总要保持一种“在学习上给人做表率”的姿态，所以在高中阶段，在别人眼里，我总是高高在上的，别的同学对我敬而远之，基本上没有知心朋友。

高考前夕，我患上了轻度的神经衰弱。晚上，经常是宿舍熄灯后，我还要再学习两个多小时，睡觉时经常会做梦，被梦中可怕的事情惊醒，难以入睡。白天没有精神，我在听讲的过程中，长期处于精神紧张状态，大脑连续高速度运转。长期的休息时间减少、睡眠不安，让我在心理上产生了沉重感、压迫感、失落感。如果在学习上遇到一些不懂的知识，我就会出现心率加快、呼吸加剧、肠胃不适、多汗等症状。高考前夕，顽固的失眠和胃溃疡症状消耗着我的情绪、精力、记忆力。得益于我的努力和扎实的基础知识，我的成绩才没有下降得很快，但我自己和家长并不接受这个事实。一方面，我不断地制订要达到的学习目标，要努力改变现状；另一方面，我却经常暗示自己某方面有缺乏并为之焦躁不安，睡眠状况也常常不理想。

三、辅导过程

（一）主要问题

小娜主要因学习焦虑产生了心理疾病。这是学生在学习过程中对会对自己自尊心和价值感构成威胁的特定学习结果担忧所产生的情绪反应，大致表现为害怕别人的否定评价，对考试感到不安与恐惧。有些考生会感到学习困难、吃力、记忆力下降、思路狭窄、反应迟钝，以前能很快做出的题，现在半天也理不出头绪，用脑记的东西更是费劲；也有些考生在学习时经常感到困倦、疲劳，拿起书来就觉得头痛、头晕、周身乏力，看书时坐着就觉得累，只能躺着，看一段时间书就睁不开眼、视力下降，也有眼花现象，整天只想睡觉；还有些考生在学习中特别是临考前脾气突然变差，感到孤独、被误解等，睡眠质量差，甚至有失眠现象。考生虽然感到时间紧、任务重，却又无所事事，哪门功课也学不进去，终日心神不定，好像有事没做完似的，情绪非常低落。严重者会出现头昏脑涨、吃不下、睡不着、植物神经紊乱等症状，这种情况在医学上被称为“竞技综合征”，亦称“考前综合征”。

（二）家庭结构分析

（1）父母都是知识分子，对孩子的期望值过高，期望孩子在考试中取得优异成绩，过度强调考试成绩的重要性，给孩子带来了较大的压力，导致考前焦虑。

（2）父母过度关注孩子的成绩，将注意力过多集中在孩子的考试成绩上，而忽视了孩子的心理状态和全面发展，孩子会因担心成绩不佳而令父母失望，从而产生焦虑情绪。

（3）缺乏有效沟通，孩子在学习和考试方面的困惑、压力无法得到及时的倾诉和解决，内心的负面情绪不断积累。

（4）父母过分强调与他人竞争的重要性，使孩子害怕在考试中落后于他人，从而产生过度的紧张和焦虑情绪。

（三）设定目标

帮助来访者减轻考前焦虑，提升应对考试的信心和能力，建立积极的考试心态。

（四）行动方案

1. 评估与沟通

首先，与来访者及其父母分别进行深入交流，了解来访者的焦虑症状、学习情况、家庭氛围，以及父母的教育方式和期望。

其次，使用专业心理测评工具，如《焦虑自评量表（SAS）》，对来访者的焦虑程度进行量化评估。

2. 对父母进行培训

向父母讲解考前焦虑的相关知识，包括成因、表现和影响。指导父母调整对孩子的期望，使其更符合孩子的实际能力和发展水平。传授父母与孩子有效沟通的技巧，鼓励他们多倾听孩子的想法和感受，给予孩子积极的反馈和支持。

3. 用专业的方法帮助来访者

运用认知行为疗法，帮助来访者识别和纠正对考试的负面思维和不合理信念。教授来访者放松技巧，如深呼吸、冥想、渐进性肌肉松弛训练等，让来访者在感到焦虑时能够自我调节。帮助来访者制订合理的学习计划和时间管理策略，帮助她提高学习效率，减少因学习压力带来的焦虑。

（五）介入措施

针对小娜的症状，我首先从认知上改变小娜。这包括正确看待考试的性质和作用，不过分看重分数和班级的排名，正确处理个人的自尊和价值，不因一时的失败而自轻自贬，正确认识成功的标准，不急功近利。

其次，我帮助她排除杂念。许多人一生中，接受了许多消极的暗示：关于自己的能力；自己在集体中的角色；关于自己跑步的极限……这许许多多的暗示局限了你，使你不能逾越它而取得成功。检查一下你头脑中是否有一些错误的观念，如有，请把它擦掉。凡是消极的暗示，全部抛弃！只有克服了心理禁区，你才能在实践中有所作为！

再次，我帮助她自我激励。苏联的大教育家、中学校长苏霍姆林斯基曾经做过一个实验：他让全班同学都积极地用语言和行动来赞美一位相貌平平的姑娘，处处让她感到自己受欢迎，感到温暖和自信。一年后，奇迹果然出现了：不论长相、气质还是智慧，她都与以前判若两人——激励造就了一位天使！

我用这个案例来说明爱的力量，事实上，这就是暗示的魔力，是意念力的作用，是心理的力量！每个人都可把自己当成天使，也可把自己塑造成天使。从现在起，你应该每天进行积极的心理暗示。有位大师曾说过，人不能有傲气，但不可无傲骨。这傲骨长在哪里？就长在你的心理上。我们不要人前逞强而内心自卑，我们应该谦虚、平和而高度自信。

请每天早、晚朗诵以下话语：

★我能够做到！

★我正在达到我的目标！

★学习是我非常喜欢的事情！

★学习和记忆对我来说是容易的！

★我可以卓有成效地工作！

★我现在极其镇静……

建议用录音机录下来，每天放给自己听。反复听几遍，直至自己深信不疑。还可以根据自己的弱点另外设计一些积极的暗示语。

考前，要有如下信念：（喊出你的名字，对自己说——）

★我能够在规定的时间里想出正确的答案！

★我知道我都记住了！

★我非常平静和充满信心！

★我的记忆是灵敏的，我的头脑是强有力的！

此外，焦虑、紧张与轻松相对抗。所以，要克服考前综合征，我们就应该学会放松自己。下面有一些专门的放松技巧供大家参考。

（1）自我宣泄法。考生可以将自己的郁闷心情、紧张情绪向家人、朋友、老师倾诉；或者采用跑步、大哭等方式来尽情宣泄自己的情绪；或者到一个没有人的地方，放声大喊，无论是大吼或尖叫，都可以宣泄焦躁。

（2）学会深呼吸。考生可以坐着或躺着，缓慢地吸气，然后停住几秒，再吐气，这样多反复几次。学会呼吸后，开始计时，不让呼吸变快。你要用 4 秒钟的时间吸气，再用 4 秒的时间呼气。控制呼吸的方法，每天坚持练习多次。在你练习的时候，它已经在帮助你降低对焦虑的易感度。更重要的是，如果能不假思索地使用这种呼吸法，在焦虑发作时，它就可以派上用场。

（3）按摩内关穴。大部分考生在处于高度焦虑时，会发生身体某部位肌肉紧绷的现象。这有点类似恶性循环：焦虑产生肾上腺素，使肌肉紧缩，结果导致更多肾上腺素生成，使肌肉进一步收缩。改变之道是找到紧绷的肌肉按摩数分钟。用右手的大拇指顺时针按摩左手的内关穴，每回 36 次，也能起到调节情绪的作用。

（4）全身肌肉放松法。在高考备考过程中，每一个考生都在不停地忙碌，面临无休止的大考、小考，就好似听着那不停往下滴的水声。只要你不离开，它就会一刻不停地击打你的心灵，不会放松自己的人终将被其击垮。因此在备考过程中，我们应该学会放松，学会尽情享受美好人生。正确的方法是闭上眼睛，默念身体需要放松的部位，同时用心去感受放松的感觉。

（5）积极想象。如闭上双眼，在脑海中创造一个优美、恬静的环境，想象在大海岸边，波涛阵阵，鱼儿不断跃出水面，你光着脚丫，走在凉丝丝的海滩上，海风轻轻地吹拂你的面颊……或者可以尽量回想自己曾经成功的时候，还可以听听音乐。

最后，我运用 VR 系统，对来访者进行模拟考试和应对训练，让来访者逐渐适应考试的节奏和氛围。在模拟考试后，与来访者一起分析考试中的得失，培养来访者积极应对考试结果的心态。

四、辅导效果与反思

（一）辅导效果

经过辅导，来访者的考前焦虑症状明显减轻，能够以更积极的心态面对考试，学习效率提高了，家庭关系更加和谐。

（二）辅导反思

（1）辅导方法的选择和应用，需要更加灵活和个性化。虽然认知行为疗法、放松训练等常见训练方法在很多情况下都是有效的，但也需要我敏锐地观察来访者的需求，及时调整辅导策略，例如，尝试用先进的 VR 技术来调整来访者考试状态，缓解其考前焦虑。

（2）在咨询过程中，要在尊重理解的基础上与采访者进行沟通，让来访者感受到我的真诚和关心，从而愿意分享自己的真实感受。同时，我也需要更加深入和全面地与家长沟通，不仅要让他们了解孩子的情况，还要引导他们在日常生活中给予孩子更多支持和引导。

（3）对辅导效果的评估也需要进一步完善。不能仅仅依据孩子表面化的情绪变化和自我陈述进行评估，还应该结合他们在实际学习和考试中的表现，以及老师和同学的反馈，来更全面地判断辅导的成效。

（4）加强家校协同育人，通过共同探讨案例、分享经验和资源，为孩子提供更全面、更系统的专业支持。

当填报高考志愿之时她焦虑了……

孙治英

一、来访者基本情况

这是一名来自房山区的高三住宿女生，爸爸是一名出租车司机，妈妈因身体不好没有工作，有一个哥哥在公司上班，家庭经济情况一般。她父亲脾气不好，经常与她母亲吵架，家庭关系不和谐，她爸爸脾气上来了会揍她。她与父亲的关系很一般，基本上不跟父亲交流学校发生的任何事，跟母亲的关系很好，平时有什么事情基本上都与母亲交流沟通，但因母亲没有收入，在家里没有话语权，家里大事小事都由她父亲做主。该生平时学习成绩在年级名列前茅，一直向往考上重点大学，但今年高考，只考了518分，虽超过二本录取分数线，但与她之前的预期还有一定的差距。近来随着高考填报志愿的来临，来访者情绪低落，很想复读一年，又担心家庭状况出不起复读费，她原来从来没有想过上“二本”的大学，心里很纠结，不知道怎么办，找到我帮她做指导。

二、来访者自述

我在初中时成绩一直名列前茅，因中考发挥失常，考入高中后被分在高中某班。我害怕在这个班成绩靠后，就拼命地学习，由于刻苦努力，我的成绩在班级经常排在10名左右。高二时，我对自己的学习有所放松，名次排在年级30名左右。到了高三，我很着急，每天就加班加点地学习，尤其针对自己的薄弱科英语，花费了非常多的时间，却没有什么效果。在高三很多次比较重要的考试前，我就出现了担心、烦恼、焦虑的情绪状态，这种情绪影响了我考试水平的正常发挥，并且出现了复习效率不高、信心不足、失眠等考前焦虑的症状。最后，我高考失利，只考了518分，跟我的预期有一定的距离。在高考填报志愿时，我看着同学们一个个在朋友圈里晒志愿，我很焦虑，一方面想复读一年，考取像“211工程”“985工程”等“一本”重点大学，但因家庭情况又害怕，担心家里出不起复读的费用，另一方面我这几天找了一下大学和专业，发现自己的分数不高不低，不知如何填报志愿，不知道什么专业就业前景好，哪所学校更好……我带着这些问题前来咨询。

三、辅导过程

（一）主要问题

（1）来访者系高三毕业生，性格开朗，对自己的期望值过高，高考发挥失常，导致成绩不理想。她纠结于是复读一年还是上大学，对自己的生涯规划没有清晰明确的目标。

（2）来访者的社会支持系统较好，虽然家庭关系一般，母亲还是很关心她、爱护她的，学校的老师、同学都是支持她走出困境的力量。

（3）来访者性格外向，活泼开朗，好胜心强，对自己要求严格，追求完美。

（二）家庭结构分析

来访者虽然一直与父母生活在一起，但父亲是出租车司机，常年在外，根本顾不上孩子的学习生活，而且脾气不好，经常与妻子吵架，根本不跟孩子进行交流；母亲因为没有工作，在家里没有话语权，只是照顾全家人的生活，对孩子的升学就业不能给出很好的建议，她基本上不和父母说自己的真实想法。

（三）设定目标

1. 当前目标

解决目前来访者是否要复读的问题，使其学会分析家庭状况以及对未来的生涯做出规划，对志愿填报进行有针对性的指导，让她在认真考虑并和家人商量清楚后做决定，学会填报志愿的技巧。

2. 长远目标

让来访者正确认识自己，知道自己的兴趣、能力、性格、价值观，做到知己知彼，百战不殆；增强来访者的生涯规划和管理的能力。

（四）行动方案

1. 认知情绪疗法

该疗法认为个体的情绪和行为由其认知的过程决定，当个体遇到事件时，其产生的不同情绪和行为反应与个体对事件的认知和评价有关。心理问题的根源在于歪曲的认知模式，改变不良的认知模式是该疗法的关键。

2. 焦点解决短期咨询技术

该技术是以寻找解决问题的方法为核心的短期心理治疗技术。我认为来访者来到咨询室的目的并不是带着问题来寻求帮助，而是已经有了初步的填报志愿的草案，让我帮她把把关、参谋参谋。我在短期的咨询过程中给来访者讲解填报志愿的原则和方法，帮她找出最合适的志愿。

（五）介入措施

早晨9：00，来访者如约来到心理咨询室。她看上去很干练，语言表达能力很强，从她准备的填报志愿的草表上看得出她对此事很重视。我把自己对她的第一感觉表达出来。（从赞美开始）

师：你在微信里说，这次高考考得不理想，想复读，能不能把你的想法跟老师说一说呀？

生：我上高中以来，成绩一直在年级里名列前茅，但这次高考也不知道怎么回事，发挥得太失常了，才考了518分，都不够“一本”录取分数线，距离我想去的“211工程”“985工程”的大学还差得很远，所以想复读一年考一个自己非常向往的大学。但是因为我家庭贫困，复读一年要花几万块钱，家里负担不起，所以很纠结。这不是找您帮忙来了吗？

师：你有这样的想法，说明你是善解人意、懂事的孩子，老师也把自己的想法跟你探讨一下。复读对你来说不是最好的选择，理由如下。第一，复读一年可以提升很多分，但离“211 工程”“985 工程”大学还有一定的距离。第二，复读一年的费用是 2 万至 4 万，你家的经济状况不知能不能承担。第三，你已经超过“二本”的录取分数线 79 分，如果填报好志愿，是能够上一所不错的“二本”院校的，无论是“一本”还是“二本”，本科毕业的工作岗位拿的工资差不多。复读一年可能是一样的结果。就咱们国家目前的发展态势来看，绝大多数的学生都要考硕士研究生、博士生，为什么不到大学再不断地发展自己呢？第四，我认为应根据你的兴趣、能力、性格、价值观选择适合你并且你比较喜欢的专业，在大学阶段不断充实自己、提升自己，树立明确目标，争取在研究生阶段考取自己喜欢、向往的大学。

生：嗯，我觉得您说得有道理，我听了您的建议，打算先报一个提前批次和“二本”的一些院校。我原来一直想当老师，这次首都师范大学的学前教育提前批次我已面试合格了，但是其他专业出来是做什么的我都不知道，您能给我一些建议吗？

师：咱们学校上生涯规划课时让你们测了职业倾向、MBTI（16 人格）测试、一般能力倾向成套测验，你都是什么类型的呢？

生：我好像是社会型的，其他的时间一长我都忘了。

师：没有关系，咱们学校都有档案，经查询，你的测评结果是这样的。

来访者 MBTI 测评结果是 ESTJ。

维度	描述	表现特征
外向（E）	从与他人互动中获取能量	乐于社交，积极主动与他人交流，在人群中充满活力
感觉（S）	关注现实世界具体事物和细节	注重实际，对事实和数据记忆强，依赖感官体验
思维（T）	以客观理性方式看待问题	决策基于逻辑分析，公正客观，不易被情感左右
判断（J）	喜欢有计划、有秩序的生活	擅长制订目标并严格执行，有组织能力和决断力

ESTJ 人格适合以下职业：

（1）企业管理类。

企业经理：ESTJ 具有领导才能、决断力和组织能力，能够有效地管理团队和资源，制定战略并推动企业发展。

部门主管：可以负责特定部门的日常运营，确保工作高效进行，实现部门目标。

（2）金融领域。

银行家：注重实际和细节，善于分析风险和回报，能够做出明智的金融决策。

财务经理：对数字敏感，有很强的组织和管理财务事务的能力，确保企业财务稳定。

（3）法律与执法领域。

律师：有理性思维和强大的辩论能力，能够在法律领域为客户提供有力的辩护。

警察 / 执法人员：严守规则，有决断力和行动力，能够维护社会秩序和安全。

（4）教育领域。

学校校长：可以有效地管理学校资源，制定教育政策，领导教师团队，为学生提供良好的教育环境。

教导主任：负责学校的教学管理工作，确保教学质量和秩序。

（5）工程领域。

项目经理：能够组织和协调工程项目的各个方面，确保项目按时完成，符合质量标准。

工程师：注重实际问题的解决，有逻辑思维和技术能力，能够设计和实施工程项目。

（6）销售与市场营销。

销售经理：有领导能力和决断力，能够制定销售策略，带领团队实现销售目标。

市场营销专员：善于分析市场趋势和客户需求，制订有效的市场营销计划。

来访者的一般能力测评结果如下：

因子名称	语言理解能力	逻辑推理能力	数学运算能力	空间想象能力	记忆力	注意力	观察力	动手能力
得分	2.00	3.00	3.00	2.00	2.00	3.00	3.00	3.00

来访者的霍兰德职业兴趣自测结果如下：

职业类型	现实型（R型）	探索型（I型）	艺术型（A型）	社会型（S型）	企业型（E型）	传统型（C型）
得分	7.00	19.00	16.00	31.00	25.00	26.00

根据测试结果，我给来访者推荐了下面几个职业：

霍兰德职业代码	SCE
推荐职业	部长助理、福利机构职员、生产协调人、环境卫生管理人员、戏院经理、餐馆经理、售票员

师：在填报志愿的过程中首先要正确认识自己，对自己的性格、兴趣、能力有大致的了解和认识，这有助于在填报志愿时避免盲目性，合理定位。然后在此基础上圈定大致的发展方向，作为自己选择的基础依据。有了以上测试，大体上我们可以把专业和院校缩小在一定范围之内。这时候就需要我们考虑一些其他因素，如具体的专业方向、期望就读的区域、对院校的要求等，进一步缩小范围，把候选院校名单列出来。今年是北京市取消高考本科三批，将本科二、三批合并为本科二批的第一年。合并后，新本科二批平行志愿高校数将由去年的6所变为10所，每所高校填报6个志愿专业，因此要合理填报“新二批”志愿，提高录取命中率。你的分数是518分，距离“一本”录取分数线有16分。选择冲一冲的院校就较少了，但可以选择2所，再选择4—5所与自己水平相近的院校，最后选择2—3所低于自己水平的院校兜底。因受分数限制，在京选择高校的范围较小，建议你选择外地办学条件、专业较好的高校。

生：我家里不希望我去外地读书，我这个分数是优先选择院校还是选择专业呢?

师：北京的考生大多数不愿意去京外读书，“二本”院校在北京就那么几所，选择在京理想高校和专业更是难上加难。专业选择重点要从你的学习动力和职业方向角度来考虑，学校选择重点从学习环境、文化氛围、教育资源以及学科建设全国排名来考虑。不过你的兴趣爱好广泛，如果你大学毕业后想继续考研深造，可以优先选择学校，如果你大学毕业后想工作，可优先考虑专业的选择。要结合自己的兴趣、性格、能力、家庭经济条件，以及高考分数所在批次等具体情况来理性看待二者的优先关系。

生：老师，经您这么一讲解，我清楚多了。我把我要想去的学校和专业列出来，拉开志愿梯度，把草表填好，您再帮我把把关行吗?

师：没有问题。

四、辅导效果与反思

（一）辅导效果

经过多次辅导之后，该生把高考填报志愿的草表填好后发给我，我发现该生已经能够结合自己的兴趣、性格、能力、家庭经济条件，以及高考分数所在批次等具体情况来理性看待二者的优先关系了。收到大学录取通知书后，她第一时间告诉了我这个好消息，并且告诉我，她现在正在餐厅打工挣学费，还打算上大学前把驾驶证拿下，为自己的未来发展做好合理的安排。

（二）辅导反思

高考志愿填报不仅是考上一所大学、就读一门专业这么简单，它是人一生中最重要的一次选择，直接影响未来的知识内涵、思维视野、能力素质养成、就业职业、发展领域以及人脉关系。高考志愿填报的选择，不仅仅是根据分数选择学校和专业，更要立足于考生的个性特点、能力特长，选择适合考生未来发展的专业领域，选择更有利于考生未来发展的学校。在志愿填报的准备阶段，有 5 个因素是考生应该重点考虑的。

1. 选学校与选专业

填志愿时是以学校为主，还是以专业为主呢?

成绩优秀的高分考生最好选择一所综合性研究型大学，专业可以偏基础，毕业后再确定发展方向。成绩较优秀、考分相对较高的学生，即“一本”中分段的大部分学生，要学校与专业并重，比较理想的选择是专业类院校的主体专业。学校与专业不能兼顾时，如果以选择学校为主，专业要尽量靠近学校的主体专业，或是社会需求量大的专业；如果以选择专业为主，就要综合考虑学校的整体情况，专业最好是自己很感兴趣或毕业后找工作时有优势的专业。

成绩一般的考生要优先考虑专业，其次考虑学校。这部分学生学业成绩虽在同一水平上，但努力程度并不同，学习潜力也不同，其优势和潜质即使个人和家长也未必认识到了，这种差异对大学的专业学习往往影响较大。因此，选择适合自己潜质的专业，会给个人留下更大的发展空间。

选择了专业，下一步就是选择学校。学生的专业潜力加上良好的学校平台会让学生得到更好的发展。有了专业目标之后，如何去选择合适的学校呢？大部分专业不止一所或几所院校开设，内涵较广的专业和热门专业更是如此。考生和家长必须一所一所地查找学校的招生计划，这会花费大量时间和精力，使用一些能够快速筛选院校的查询工具是很好的选择。

2. 家庭经济情况

在我国高等学校中，国家会给少数专业设置专业奖学金；绝大多数专业则不设置，学生的费用全由家庭承担。这样，读少数有专业奖学金的专业的家庭负担要稍轻一些，读绝大多数无奖学金的专业的家庭负担就要重一些。一般说来，读综合性大学、理科院校、外语、财贸等院校，家庭负担要更重一些。读这些院校的本科，仅学费一般一年要支付 5000 元以上。读独立院校（或分校）、艺术类院校，一年的学杂费就在 1 万—1.5 万元，中外合作办学项目的学费会更高。军事院校、武警院校、国防生、师范专业，家庭基本无经济负担。因此，考生在选择专业时，不得不分析家庭的经济情况。

3. 身体健康状况

报考高等学校的所有考生均须参加身体健康状况检查。

所属招生委员会会同当地卫生行政部门制订体检工作的组织办法，由县级（含）以上招生委员会和卫生部门组织实施。考生的体检须在指定的二级甲等（含）以上医院或相应的医疗单位进行，主检医师应由具有副主任医师（含）以上职称、责任心强的医生担任。主检医院或相应的医疗单位应按教育部、卫健委、中国残疾人联合会印发的《普通高等学校招生体检工作指导意见》对考生体检做相应的、规范准确的结论，并对其真实性负责。非指定的医疗机构为考生做出的体检结论无效。

4. 平时学习成绩及单科成绩

对于高考志愿填报来讲，掌握平时学习情况是不是多此一举呢？

答案是否定的。其实填报志愿，并不是简单的一蹴而就的事情，平时的学习成绩是考生自我定位一个非常重要的参考，对于考前模拟填报和考后估分模拟填报都有着重要的指导意义，避免出分之后报考忙乱，因此考虑平时的学习成绩大有必要。

5. 选择适合自己的职业方向

适合自己的才是最好的。怎么判断哪些专业适合自己呢？认真分析考生的思维方式、学习习惯、性格类型和行为特点，你会发现这些个体差异适合不同的专业学习和职业生涯。

一例双相情感障碍的案例

陈　闯

一、来访者基本情况

小唐（化名）同学，是一名高中男生，今年 16 岁，个子挺高。刚接触他时，我感觉这个孩子很内向，拘谨，不爱说话，但开学一个月之后，小唐上课经常说话，课下说脏话，不写作业，在纪律、礼仪、学习方面都问题多多，在化学、美术、体育等课堂爆发过严重的师生对抗。经与其父母沟通后，我了解到一些他的情况。小唐是离异家庭的孩子，他爸爸与妈妈离婚后常年在国外生活、工作。小唐跟妈妈一起生活，妈妈生他的时候，得了产后抑郁症，这对孩子的影响很大。在家庭生活中，孩子妈妈的抑郁病情让亲子关系如同火山，一点就爆。孩子妈妈一方面因为控制不住情绪，容易爆发情绪，另一方面又因为觉得离婚愧对孩子，对孩子百般纵容。这就造成了小唐同学目前的状态，比较情绪化，不会控制自己的情绪，有些以自我为中心。小唐的问题是从初中开始显露的，他初中在私立寄宿中学就读，管理很松懈。孩子妈妈忙于工作，疏于沟通和教育，他的纪律和学习状态不断下滑。

二、来访者自述

初中在私立学校，管教不严格，初三老师关心的只是成绩，很少关注我的内心成长。学校经常考试、经常排名次，除了学习，课余时间很少，我与同学交流、沟通的机会也不多，加上妈妈对我要求很高，又没有什么教育方法，我经常处于受挫和情绪低落的状态，去医院诊断为轻度抑郁倾向，无法继续正常上学。回家休息了一段时间，我边复习边休息，中考以592分的成绩考入这所学校。但是进入高一后不久，我由于不能适应新的环境和新的人际关系，情绪一直不稳定，时好时坏。好的时候，我对自己要求很高，坏的时候，我就很容易发脾气。有一次在美术课上，因我多次说话，老师指出问题后，我情绪很激动，将书本全摔在地下，还拿刀子将书本划烂，并在教室里大喊大叫。在班主任、学校心理老师、年级主任和德育处主任的协助下，我妈将我接回家。学校立即通过北京安定医院绿色通道，请学校心理教师陪同我去北京安定医院就诊，诊断为双相情感障碍，中度抑郁状态。我事后对此非常后悔，非常想念学校的环境，迫切地想回到学校上学，之后我定期去医院治疗了一段时间，经申请到学校复课上学。

三、辅导过程

（一）主要问题

（1）行为习惯不好。在遇到压力和挫折后，没有及时缓解，容易激发心理不健康问题并行成不良习惯。

（2）小唐从小父母离异，父亲远走他乡，缺乏对孩子的管教和关怀。家庭结构不完整和家庭结构缺失，给家庭成员带来了心理冲击。

（3）有较严重的抑郁倾向，其母亲给他吃过抗抑郁的药。上高中以来，由于不适应高中学习生活，学习压力大，他经常在课堂上自言自语，控制不住自己的情绪。

（二）家庭结构分析

结构家庭治疗模式并不单纯解决个人行为问题，而是致力于改变来访者整个家庭的交往模式，因为结构家庭治疗模式认为，个人的问题只是表象，亲子关系的问题才是来访者产生问题的真正原因，因此，该模式主张通过多元化、多层次的家庭介入，改善家庭关系，最终解决来访者的个人问题。

（三）设定目标

（1）全面、准确地了解小唐的原生家庭情况，倾听小唐的声音，建立正常、高效的沟通渠道，提高小唐母子间的沟通能力，重建亲子和谐、促进愉快的家庭生活。

（2）引导小唐严格管理自我，建立良好生活习惯，坚持药物治疗，鼓励进步，打造健康向上的生活状态。

（四）行动方案

（1）与小唐和小唐妈妈多次沟通，让孩子和妈妈明白孩子当前的症状，需要孩子、妈妈和学校三方面团结协作，才有消除。

（2）引导孩子和妈妈多倾听对方，形成正常和有效的沟通，共同面对问题、解决问题。

（3）和孩子、孩子家长一起制订学习和生活管理计划，建立规范的生活习惯和纪律状态。

（五）介入措施

刚开始家长对原生家庭问题持有回避的态度，我从为孩子好的角度出发，不断地和家长进行沟通，为其进行心理疏导，希望家长明白老师和家长的初衷是一样的，都是希望孩子在健康快乐的状态下顺利完成学业，最终在高考时取得好成绩，考取满意的大学。这最终成为打开孩子妈妈心扉的钥匙。打开家长的心理防线后，她向我阐述了孩子的原生家庭问题。因为早年离异，孩子一直跟着妈妈生活，生活的艰辛让妈妈将更多的精力投入工作中，逐渐放松了对孩子的教育，孩子初中时，更是疏于管理，没有让孩子形成良好习惯。孩子妈妈在离婚过程中，精神崩溃，产生了抑郁情绪，这对孩子的影响很大。在家庭生活中，孩子妈妈的抑郁病情让亲子关系如同火山，一点就爆。孩子妈妈一方面因为控制不住情绪，容易爆发脾气；另一方面又因为觉得离婚愧对孩子，对孩子百般纵容。这就造成了小唐同学目前的状态，比较情绪化，不会控制自己的情绪，有些以自我为中心。

1. 增进亲子关系

家长与孩子进行沟通是建立亲密关系和了解彼此需求的重要方式。小唐妈妈由于自身工作繁忙，自己也有一定程度的抑郁症状，长期缺乏与孩子的沟通，忽视了对小唐的关爱，对孩子的成长和心理健康产生了不良影响。

在和小唐妈妈的沟通中，我首先强调了沟通和关爱的重要性，建议小唐妈妈主动与孩子建立沟通的桥梁。试着每天抽出一些时间与孩子聊天，了解他的学习、生活和情感状态；在和小唐聊天的过程中，要保持耐心和关注，让孩子感受到被重视和关心。其次，我建议家长尊重孩子的需求和感受。小唐是独立的个体，有自己的想法和感受，应尊重孩子的选择，理解他的困惑和烦恼，给予他足够的支持和关爱。同时，家长也要教育孩子如何表达自己的需求和感受，让他学会与人沟通和交流。最后，我建议小唐妈妈通过一些具体的行动来增强与孩子的亲密关系，比如一起参加户外活动、一起做饭、一起看电影等。这些活动不仅可以增进亲子关系，还可以让小唐感受到家庭的温暖和幸福。

2. 加强管理，建立良好习惯

高中之前的管理松懈和教育不当，造成了小唐同学纪律状态低下，生活习惯混乱，当下有必要加强他的生活和纪律的管理：（1）明确学生行为规范、学习纪律、生活习惯等。让孩子和家长明确知道哪些行为是被允许的，哪些是被禁止的。（2）强化日常监督。由班主任、任课教师和学生干部共同参与，通过日常巡查、课堂观察、宿舍检查等方式，及时发现并纠正小唐同学的不良行为。（3）开展主题教育。在举办主题教育活动，如"文明礼仪月""学习习惯养成周"等过程中，通过讲座、演讲、比赛等形式，引导小唐积极参与并树立正确的价值观和行为规范。（4）加强家校合作。加强与小唐妈妈的沟通和合作，共同关注学生的成长和发展。可以通过开家长会、家访、建立家校联系册等方式，及时向小唐妈妈反馈小唐的在校表现，并听取家长的意见和建议。同时，要鼓励小唐妈妈积极参与学校的教育活动，与学校一同为孩子的成长营造良好的环境。（5）树立榜样。在班上和学校树立他的进步形象，通过表彰大会、宣传栏等形式进行宣传和推广。（6）建立激励机制。对小唐同学表现优秀的行为进行奖励和表彰，这些奖励可以是物质奖励（如奖品），也可以是精神奖励（如荣誉证书、表彰大会等）。通过建立激励机制，激发小唐同学的积极性和进取心，使他更加努力地学习和生活。

总之，加强学生管理、建立良好习惯需要学校、小唐妈妈和小唐的共同努力。只有多方面合作和配合，才能为学生的健康成长和全面发展提供有力的保障。小唐同学身体较胖，运动不方便，他羡慕身体素质好，运动灵活的同学；其不善言辞，羡慕男女同学交往；家庭不富裕，羡慕家庭条件好的同学……如此种种，使得小唐越来越自卑，感觉处处不如人。此种情绪多了之后，小唐就容易产生消极心理，脾气暴躁，例如，他多次与同学发生不愉快的事件。小唐同学每次爆发脾气后，我都会先安抚他的情绪，平复他的心情，在进行心理疏导之后指出他的问题。

在解决小唐同学的问题时，我善用表扬的方式，即使指出问题也是先扬后抑，然后帮助他找到进步的方向和动力，强调老师帮助他一起进步。在日常学习中，我会注意到他的每一个优点和值得表扬的细节。比如，物理和数学科目是小唐同学的优势科目，容易取得好成绩，只要有进步，我就及时和家长沟通、反馈，鼓励其争取更大的进步。经过一个学期的不懈努力，小唐同学各方面的表现都更好了。他不说脏话了，上课也不捣乱了，能够认真听课，和老师、同学的互动也多了。

四、辅导效果与反思

在辅导过程中，小唐同学在很多方面有所提高，家庭关系改善，纪律和生活习惯优化，和同学关系也得到了改善，最令人高兴的是，他的成绩也进步了，从上学期的倒数进步到班级的第 9 名。这让孩子的自信心得到了极大的提升，也坚定了他继续学习，努力向上的决心。家长对孩子的进步也极为满意，亲子关系得到改善。

当然，小唐的情况也会有反复，他也会出现一些其他问题。遇到问题时，我静观其变，表松内紧，把握火候，深情介入，具体问题具体处理，每次只要我本着教育好孩子的初心出发，了解问题，理解矛盾，疏导情绪，鼓励进步，他的问题都会得到妥善处理。为此，作为一个教育工作者，我的内心也极为欣慰。

驱散“厌学”阴霾，唤醒学生“自驱力”

岳　鹏

一、来访者基本情况

小佳（化名）是一名17岁女生，在我校高中实验班上学。初中时小佳是在一所普通中学上学，学习成绩一直不错，而且学得相对轻松。但是考入我校实验班后，小佳成绩平平，虽然她知道能上这个班的学生都是各校的佼佼者，但是还是不甘心自己如此平庸。于是她下定决心要刻苦学习，提高自己的学习成绩。尽管小佳几乎把所有的时间都投入学习了，但是没有取得明显的进步。渐渐地，小佳对自己失去了信心，感到学习压力越来越大，尤其是物理成绩一塌糊涂，由此她产生了强烈的自卑感，总觉得自己低人一等，学习的时候漫不经心，对于成绩也满不在乎，产生了自暴自弃的想法，上课不听讲，作业抄袭，成绩在班里垫底。现在，小佳经常觉得心里特别烦，经常说头痛、难受，不想上学，脑海里总有强烈的退学在家的念头，经常以头痛为由请假，在学校里也变得不爱与人交往，总担心别人笑自己太笨。

有一次在我的物理课上，她写其他学科作业被我没收。下课后，她找到我，还没等我开口，就告诉我：“老师，我物理找了家教。”她的言外之意就是我不用管她。我微笑着问她：“你物理月考考了多少分？”她不好意思地低下头说：“15分。”我说：“孩子，家教每周只上2个小时的课，不可能把一周的知识和该练到的题目都给你补上。孩子，你相信老师吗？”她点了点头。于是我跟她做了一次长谈，了解到小佳在学习习惯、学习时间安排等方面的一些情况后，发现她不能很好地利用自己的时间，在学习习惯、学习毅力、专注力方面也存在一定问题，学习中经常找各种理由自己给自己放假，而真正学习时也不能有效利用时间，总是心不在焉、发呆走神，不知道自己该看什么书、从哪里开始看、看到什么程度等，东一榔头西一杠子，浪费了不少时间。由于物理成绩一直垫底，她产生了自卑的心理，又找不到合适的学习方法，从而导致了厌学心理。

高二年级实行培优导师制，作为物理任课教师的我把小佳同学列为我的辅导对象。

二、来访者自述

上高中以来，我感到很不适应。我很想努力赶上周围的同学，可是在理科学习上我明显力不从心，经常上课听不懂，作业不会写，这样的情况使我非常痛苦，不敢和家长倾诉，怕被家长责怪不努力，也不敢和同学交流，怕大家嘲笑。拿起书本总有声音在我的头脑中嗡嗡作响："放弃吧，努力没有用的。"我想挣扎又被那个声音裹挟，我感觉头痛欲裂，无法呼吸。我会整夜失眠，脾气越来越暴躁，不想和任何人交流，看到书本我就头疼。可是我从小就树立了目标和远大理想，我又不想放弃。

三、辅导过程

（一）主要问题

经过分析，我认为小佳是由于努力付出后，成绩依旧不理想，产生了厌学情绪。学习目标不明确：缺乏清晰、具体且有吸引力的目标，导致其没有明确的努力方向和动力来源。缺乏内在动机：做事情基本是为了外部的奖励或避免惩罚，而非出于自身的兴趣、热情和价值追求。在学习中恐惧失败：对可能的失败过度担忧，害怕努力后仍无法达成目标，从而不敢全力以赴。

（二）家庭结构分析

自驱力不强缘于父母的过度保护，父母为孩子包办一切。孩子物理成绩不好，父母就花重金请家教，孩子没有机会自主决策和承担责任，从而缺乏锻炼自驱力的机会。家庭教育方式不当，父母采取专制型的教育方式，孩子只能被动服从，无法培养自身的自主意识和自我管理能力。因此，家庭结构治疗模式主张通过改变父母的教育方式，不包办代替，通过家校协同共育改善家庭关系，最终解决来访者的个人问题。

（三）设定目标

（1）培养小佳的学习兴趣，帮她找回自信心，让她相信自己可以通过努力战胜一切困难。

（2）帮助小佳建立自驱力，彻底摆脱厌学和自卑的心理障碍。

（四）行动方案

（1）改变小佳对自己的消极认知，帮助她建立目标驱动。

（2）培养小佳对物理的学习兴趣，让兴趣做她学习的领路人。

（3）唤醒小佳的自驱力，让她的内心产生强大的力量自我驱动。

（4）不断正向鼓励，强化她已取得的成绩，让她产生胜任感，保持不断向前的动力。

（五）介入措施

1. 深入分析，对症下药

当下的学生可能面临来自家庭、学校和社会等多方面的压力，可能因为学习内容过于困难而感到挫败和无力，还可能因为缺乏明确的学习动力和目标而感到迷茫和无聊，从而产生厌学情绪，觉得学习是一种负担，对学习感到厌倦，缺乏探索新知识的兴趣和动力。

长期厌学会使学生出现内向、情绪不稳定、难以适应外部环境、焦虑、郁郁不乐、忧心忡忡、情绪反应强烈、性情古怪孤僻等症状。受厌学情绪的影响，他们可能无法集中精力学习，具体表现为上课不听讲、犯困走神，导致知识掌握不牢固，作业拖拉无法按时完成。厌学严重的孩子可能会出现逃课、迟到、早退等行为，甚至拒绝参加课堂活动和考试。这些行为反映了他们对学习的厌烦和抗拒，以及对学校生活的消极态度。由于对学习不感兴趣，厌学的学生可能会觉得老师和同学对他们的期望过高，导致他们感到焦虑和压力。这种情绪可能会使他们与老师和同学的关系变得紧张，影响他们的社交和人际关系。

了解到小佳有厌学心理后，我跟她做了个约定：每天做家庭作业之前，合理估计完成各科作业所需时间，做物理作业时，先易后难，一道难题如果想 5 分钟还是一点头绪都没有，先做个记号，最后还是不会写就空着，绝对不要抄，上课专心听讲，老师讲完要认真改错，不会改的中午或课间到我办公室去问，我再细致地给她讲一遍答题思路，保证老师讲解后全改会。

2. 方法引领，唤醒自驱力

其实，高中阶段物理学科基础差的学生大有人在，但绝大多数学生并非受智力因素影响，而是受非智力因素影响。教育心理学研究表明，在一切认知活动中，智力因素是认知活动的执行者，非智力因素则是认知活动的调节者和推动者，起到推动、定向、维持、调节等作用。对于学生而言，高智力只是学习成绩好的前提条件，但不是决定性的条件，非智力因素才是影响他们学习成绩的主要因素，而其中最重要的非智力因素就是自驱力。

自驱力，顾名思义，自我驱动的能力。拥有自驱力的人，不需要别人督促，就会主动地去做自己该做的事情。他们有着自己明确的目标和强劲的动力，他们懂得化被动为主动，通过努力去获取自己所追求的事物。自驱力对于个人的成长和进步的重要性不言而喻，小到在学校考个好成绩，大到在公司争取某个职位，无不是自驱力在推动着我们去成长和争取自己想要获得的事物。

如何唤醒小佳的自驱力，让她从内心产生力量，通过自己的行动和努力，把一些不良习惯或行为纠正过来是我面临的课题。

（1）改变观念，建立目标驱动。让小佳重新认识自我价值，形成良好的自我意识，从“要我学”转变为“我要学”。拥有自驱力的人，懂得化被动为主动，承担属于自己的责任，往往会走得比想象中更远。就像《流金岁月》中说的：“无论做什么，记得为自己而做，那就毫无怨言。”但现实生活中有很多学生并不知道自己所做的事情是为了什么。如果你问他们为什么要做作业、为什么要学习，他们大多会回答你，因为有人要求他们这么做。如果一个人连自己为了什么而行事都不清楚，心中没有一个明确目标的话，他的自驱力从哪儿来呢？他能驱使自己去哪儿呢？因此，想要唤醒小佳的自驱力，就要让她明确自己的目标，知道自己努力的方向。只有确定了这一点，她的自驱力才得以发挥作用。于是，我们每天中午在改完错后，一起制订当天的学习目标，根据目标，规划当天的学习时间。将学习时间划分为若干个时段，每个时段专注于一个特定的任务。我教她怎样为不同的学习任务分配适当的时间，并留出一些富余的时间以应对意外情况。

（2）培养她对物理的学习兴趣。要想她在学业上取得长足的进步，不仅要为她设定明确的目标，还要让她感受到学习的乐趣。我在办公室专门为她准备了很多有趣的小实验，材料非常简单：几节电池、小风扇、几根导线、磁铁等。当我用导线把电池和磁铁连接起来，她看到磁铁下面的小风扇快速地旋转时，吃惊地张大了嘴巴，追着我问为什么会转，我就给她提供资料让她去钻研。第二天，她很自豪地给我讲出了其中的奥秘。在得到我的肯定和赞扬后，她高兴得手舞足蹈，这样的学习过程充满了愉悦的情感体验。这样的愉悦情感体验反复出现，逐渐让小佳同学对物理产生了极大的兴趣。学习这件事，需要去勾起孩子的好奇心，帮助孩子通过自身的实践，体会到自己的力量，感受到努力、克服和坚持的力量，体验通过自身努力达成目标的成就感、掌控感。小佳对自我价值有了新的认识，品尝到了学习的成功感和趣味感，逐步养成了良好的学习习惯和正确的学习方法，从而树立信心、坚定信念，彻底矫治厌学的心理障碍。通过不断重复这样积极、正向的体验，孩子最终建立起强大的自信。

（3）引导她正确归因。厌学的学生总认为，无论怎样努力，始终跳不出失败的结局，因为他们很少，甚至不曾体验到成功的乐趣。一次次的失败，无情地击碎了他们的进取心，促使他们得出不正确的归因，认为自己很笨，天生就不是学习的料，因此就主动放弃学习。因此，我在平时辅导小佳的时候运用归因理论，引导小佳建立正确的因果关系，帮助她分析努力学习和成绩提高之间存在多种不确定因素，帮助小佳对成功进行内归因，让小佳明白学习如逆水行舟，不进则退，努力不一定成功，但是不努力肯定不会成功。慢慢地，她的心理开始强大起来，不会为自己一时的付出没有换来成绩的进步而感到悲观和沮丧。

（4）及时发现问题，避免反复。有了目标和兴趣还不够，小佳同学还是出现了我最担心的情况——毅力不足，半途而废。好景不长，忽然有一天在物理课上，她的眼神对我出现了躲闪，中午也没有来我的办公室，我想她肯定是遇到了困难或是惰性又占了上风。于是，我去教室找到了她，我们又进行了一次深刻的交流，果然是她意志不坚定，思想出现动摇，这样的安排让她感到疲惫，她感觉自己快要撑不下去了。其实，她的反应在我的预料之中，我拿出提前准备好的信递到她的手上。她有些局促地打开信，认真地读起来。

亲爱的小佳同学：

你好！当我静下心来，回顾你这段时间的学习历程，我由衷地想要对你表达我的认可和赞赏。你所付出的努力和坚持不懈的精神，不仅为自己赢得了进步，也给周围的人带来了正面的影响。

你在学习上的努力是显而易见的。无论是课堂上的专注听讲，还是课后的刻苦钻研，都展现出了你对知识的渴望和对学习的认真态度。你的每一分坚持，都是对自己的超越，也是对未来的铺垫。

你的坚持不懈更是让人感动。在面对困难和挑战时，你没有选择放弃，而是选择了勇往直前。这种精神不仅体现在学习上，也体现在你日常生活的方方面面。我相信，这种坚持不懈的精神会成为你未来成功的关键。

我想告诉你，你的努力是有回报的。你的成绩已经有所提高，但这只是开始。只要你继续保持这种努力和坚持，未来的路一定会更加宽广。我相信你有足够的潜力和能力去实现自己的梦想和目标。

我也想鼓励你，不要害怕失败和挫折。因为每一次的失败都是一次学习的机会，每一次的挫折都是一次成长的机会。只要你从失败和挫折中吸取教训，总结经验，你就会变得更加坚强和成熟。

最后，我希望你能够继续保持这种努力和坚持的精神，不断追求进步和提高。我相信你一定会在未来的学习和生活中取得更加优异的成绩和更加辉煌的成就。

她看完信后，眼里泛起了泪光，深深地向我鞠了一躬，我迎上去给了她一个结实的拥抱。从此之后，每隔一段时间她都会收到我的鼓励信，她把它叫作“幸福蜜语”，她也会用她的表达方式给我送来惊喜。

四、辅导效果与反思

（一）辅导效果

经过一个学期的共同努力，小佳的状态发生了翻天覆地的变化，听讲时专注投入，每个问题都不放过，作业上的每道题都有详细的解题过程。通过不懈努力，她期中考试进步了 118 名。看到她有了进步，我心里比吃了蜜还甜。

（二）辅导反思

教育的契机不是在学生犯错的时候进行批评教育，而是抓住学生细微的变化，进行肯定和表扬，强化他好的行为，放大他的进步，他自然会有能量克制自己的不足，向好的方向发展。在我们不断的鼓励和欣赏中，奇迹就会发生。作为老师，我们总是认为孩子成绩差是因为自身不努力，但是我们有没有想过为什么我们的孩子不努力？我想是因为他们经历的失败太多，成功的体验太少，心里的能量已经枯竭，对学习这件事丧失了信心。我们为什么不能成为他们途中的加油站呢？当孩子回答问题思路清晰时，当孩子的作业哪怕全是红叉，但字迹工整时，当孩子擦黑板仔细、认真时，若我们能及时地给予他们肯定和表扬，他们怎么会失去向上的动力呢？

期中考试后，我一直在思索一个问题，怎样能让孩子获得终生难忘的成功体验？给进步的孩子送个小礼物？给他们一个拥抱？最后都被我否定了。最终我选择在物理课上分享他们的进步，请他们到讲台上和我合影，我要把他们的高光时刻用照片记录并保存下来，并且告诉大家，以后的每一次进步我都要记录下来，等到 18 岁成人礼时我要做成相册，送给我的孩子们作为他们成长的见证。这堂课后，我发现孩子们的眼睛里多了一丝光芒，似乎他们的生命状态在这一时刻发生了改变，焕发出了新的活力。几个学生课后主动向我表达了想要选物理的意愿和请教物理的学习方法。我想，这一刻我抓住了，我做对了。教育不是注满一桶水，而是点燃一把火。想要点燃这把火，需要一种力量，而这种力量，就是内驱力。成就感是最重要的内驱力。你想让孩子爱上一件事，就一定要帮他建立成就感，当他在做这件事的过程中，能获得自信，有成就感时，自然而然他就会越来越想去做。

她为何一周晕两次

孙治英

一、来访者基本情况

马某（化名），女，14 岁，是从外地新转入北京市某中学的学生。她对自己要求严格，对未来期望值很高，家庭经济情况优越，因刚转入北京市某中学，对环境不适应，社会交往和娱乐活动较少。期末考试前夕，她在老师上课讲题时突然晕倒，任课老师打 120 将她及时送到了医院。这种现象一周出现了两次。

二、来访者自述

我在小学期间，一直与妈妈在一起生活，爸爸常年在北京上班，只有逢年过节，一家三口才能团聚。我的学习成绩一直位于班级前列，跟班上的同学也能够和平相处。遇到烦心的事情，我都跟妈妈说，妈妈也能够及时告诉我解决的办法，所以在内蒙古学习的日子里，我感觉很愉快。上了初中后，我父亲为了我能够更好地发展，把我转到北京市的重点班借读。当我得知北京市某学校是一所师资水平和教学水平都非常好的学校，重点班的学生个个学习成绩都很优秀时，我心理压力很大，觉得要对得起父母的这份苦心，暗下决心，要以优异的成绩回报父母。但进入学校以来，我不能很快适应学校的要求，成绩一直徘徊在班里中下等的水平。我非常着急，烦躁不安。几次想打长途电话给母亲说学校的情况，都被父亲严厉地拒绝了。（她父亲认为，他是单位的领导，不能让子女搞特殊化，平常又很忙，很少过问孩子的学习、生活情况。）于是，我就把所有可利用的时间都花在学习上，中午不休息，回到宿舍也马上写作业、复习，每天晚上复习到很晚才休息，可以说，我已经把一切可利用的时间都用上了。可是，在期末考试前的小测验中，我的学习成绩依然没有起色，我甚至出现了忧虑、紧张、担心、失眠等症状，体质也随之下降。一次很偶然的机会，我到水房打水，忽然鞋带开了，我蹲下系鞋带，猛地起来时晕倒了，这时我得到了老师、同学、家长的极大关注。我父亲也急忙放下手头的工作带我上医院看病，到中日友好医院、301 医院等医院进行身体的全面检查，但未查出任何毛病。我妈妈也赶紧放下手头的工作，请假来北京陪我。老师和同学们也非常关心我，经常到宿舍去看我。这些更增添了我的心理压力，如果学习成绩再赶不上，既对不起父母，也对不起学校的老师和同学。随着期中考试即将来临，这种心理压力越来越强烈，就出现了上课老师讲测验题时突然晕倒的情况。在期末考试前一周，我一共晕倒了两次。

三、辅导过程

（一）主要问题

（1）存在认知错误：在原来的普通学校学习成绩好，转入新学校，学习成绩也应该好。自己紧张、害怕进入新学校，认为如果学习成绩下降，就是对不起家人。

（2）情绪方面，自己不能解决紧张、害怕等情绪的困扰。

（3）行为模式上，缺乏解决问题的策略与技巧，面对考试前的焦虑，不知所措。

（4）求助者从小性格内向，好强，个性追求完美。

（二）家庭结构分析

家庭经济状况优越，父母虽感情很好，但因工作关系长期两地分居，父亲因工作很忙，无暇照顾马某的起居，并对她的期望值很高，非常关注她的学习成绩，学习成绩一有退步，就会严厉地训斥马某。由于马某刚转入北京市某学校，还不能很快适应新环境，很少与别的同学来往，缺乏社会支持系统的帮助。因此，马某未能得到父母、老师和同学的理解和关注，未能得到正确的指导。

（三）设定目标

我给她做了 3 个测评，结果如下：

《90 项症状清单（SCL–90）》测验结果：总分 181 分，总均分：2.01 分，阳性项目数：51 项，躯体化：2.92 分，强迫症状：1.70 分，人际关系敏感：1.89 分，抑郁：1.77 分，焦虑：3.2 分，敌对：1.83 分，恐惧：1.14 分，偏执：1.67 分，精神病性：1.30 分。

SCL–90 结果的解释：总分超过 160 分，或阳性项目超过 43 项，或任意因子超过 2 分，可考虑阳性，需要进一步检查。

《抑郁自评量表（SDS）》测验结果：总粗分 48 分，总分 60 分，超过标准分 7 分。

根据抑郁自评量表解释，可以判断她为轻度抑郁。

《焦虑自评量表（SAS）》测验结果：总粗分 69 分，标准分 86 分，超过标准分 36 分。

根据焦虑自评量表测评结果解释，可以判断她为重度焦虑。

测评结果显示，该生存在比较严重的考试焦虑情况。估计她自己也已经注意到了，考试焦虑已经较为严重地影响了她的考试成绩，影响她在考试时的正常发挥，甚至还引起了她的一些身体上的不适。一般而言，考试焦虑的原因有很多，主要原因有对于考试的准备不够充分、过于重视考试等。考试复习的时间安排、复习计划、休息饮食都会对考试焦虑程度有影响。

（四）行动方案

该生的考试焦虑程度很严重，需要老师开展个体辅导予以干预。要缓解她的考试焦虑程度，可以采用一些认知的方法矫正她关于考试的看法。该生需要培养良好的学习习惯，首先，最好能引导该生自己制订一个适合的学习计划。要鼓励学生按照学习计划合理安排自己的时间，为考试做好知识上的准备。其次，教会学生一些放松的方法。考试前要调试好心态，考试时遇到不会做的题目时，不能紧张，要沉着应对。该生需要树立信心，焦虑很多时候源于害怕考砸了被人看不起，受人歧视。任课教师不要对学生说“朽木不可雕”之类的话，要积极帮助学生减轻压力，保持在考试前和考试中的心态平和，让学生建立信心，战胜考试焦虑。最后，告诉学生在身体方面，注意劳逸结合，保证健康、有规律的饮食，保证睡眠，注意休息。

（五）介入措施

面对日益临近的期末考试，有许多学生患上了“考试焦虑症”。考试焦虑症是一种比较复杂的情绪现象，它是指当学生意识到考试情景对自己具有某种潜在威胁时产生的一种紧张的内心体验，是学生对考试的一种特殊的心理反应。这种情绪反应在学生群体中可以说很常见。比如，学生考前对自我的消极认知、对考试后果的担心和忧虑，以及考试时学生的多种紧张心理和行为反应都是学生考试焦虑的表现。考试焦虑症表现为：上课心不在焉，十分焦急，自己马上临考却仍然什么也记不住；烦躁不堪，见到任何事情都有发火的欲望；坐立不安，总觉得自己的每一个动作都是浪费时间；吃不好，睡不香，精神萎靡不振。

每年期中、期末前，许多中学生都会出现这种症状，表现为忧虑、紧张、担心，注意力不集中，伴有睡眠障碍。一般来说，保持适度的考试焦虑，有助于激发学生学习的动机，提高其学习的效率和考试的成绩，但过度的考试焦虑会对学生的身心健康造成严重的危害。

出现严重考试焦虑症的学生，怎样在心理上防止考试焦虑呢？在这里，我给大家一些好的建议。

1. 正确对待考试成败

人们在日常生活和工作中常把成败得失归之于某种原因，心理学上叫作“归因”。有些学生之所以形成自卑心理，一个主要原因是对学习中的成败得失归因不当。学生的归因一般分为两种类型：外部归因与内部归因。具有外部归因特征的同学认为自己学习成绩的好坏受运气、他人（父母、教师等）、任务的难度等复杂的、自己难以预料的外部因素的主宰和摆布。具有内部控制倾向的学生往往把学习上的成功归结为自己能力强、足够努力，把学业上的失败归结为自己“不够努力”“学习不认真”“没有充分发挥自己的潜力”等。学生的不同归因，影响着他们对待学习的态度和行为方式，影响着他们的成就动机和抱负水平。学生应善于对学习中的成败得失进行正确的归因。心理学家认为，学生在成功或失败时把主要原因归结为内部的努力，有利于激发学习责任感，提高学习努力的程度，克服自卑心理，形成较高的成就动机。

2. 扬长避短

人总有自己的长处和短处。不要把别人看得十全十美，把自己看得一无是处。不要因为自己某门功课学得不太好，而怀疑自己的全部能力。要善于发现自己的长处，肯定自己的成绩。有的学生文、史、哲、外语或数、理、比较好，就应该发挥这方面的优势，刻苦学习，深入钻研，力求把这些知识理解得更深、更透，掌握得更牢，从而为选择符合自己特长、能力和兴趣爱好的专业打下一个良好的基础。对于自己学得不太好的功课，学生要下功夫去弥补，不要让它们拖自己的后腿。

3. 从成功的学习开始

自卑感较强的学生，拟定的学习目标要切合实际，必须是经过自己的努力能达到的，学习时要考虑到所学教材的顺序性和难易性，所学内容要适合自己的认知特点和能力水平，是自己能够学懂掌握的，以保证自己的学习从一开始就能获得成功。成功的学习，不仅可以使人获得成功的喜悦，而且这种愉快的情感体验会增强学习兴趣和学习信心，提高学习能力，促使人产生继续学习的欲望。

4. 多与外界交往

自卑的同学多数性格内向，不善交往和言谈，自己把自己封闭孤立起来。他们心理活动的范围、内容都比较狭窄，常常朝向自我，老是翻来覆去地在某些问题上转悠，加之个人认识的局限，就会使心理活动走向片面，常使自己陷入深深的自卑之中不能自拔。因此，心理学家主张自卑的学生应该积极同父母、教师、同学交往。通过与他们交往，学生可以向他们倾吐内心的烦恼，抒发受压抑的情绪，从中得到安慰和鼓励，使心情变得开朗起来。同时，学生还可以从他们那里了解到他们对自己的看法、评价，更好地认识自己；与同学相互讨论学习中的问题，学到更多的知识经验，提高自己的学习能力。

5. 学会调节、控制自己的情绪

心理学的研究表明，采用转移法、自我暗示法等可以调节、控制自己的情绪。转移法，是把隐藏在内心的不良情绪投射到某物或某人身上，以求得解脱的一种方法。心理学认为，在发生情绪反应时，大脑中有一个较强的兴奋灶，此时如果另外建立一个或几个新的兴奋灶，便可抵消或冲淡原来的优势中心。因此，当你由于过度的脑力劳动而引起情绪紧张烦躁时，有意识地做点别的事情来分散注意力，可以使神经活动平衡、缓和，使情绪得到缓解。听音乐、散步、打球、看电影、骑自行车等正当而有意义的活动，都可以使紧张烦躁的情绪松弛下来。自我暗示法是通过语词对自己施加的心理卫生、心理预防及心理治疗的方法，目的是调整控制自己的情绪、情感、爱好等，通俗地说，是进行自我教育、自我说服。语词是人类高级神经活动的特有刺激物，能够通过心理对整个有机体发生作用。语词不仅能使人惊恐不安，也有使人宁静下来的奇效。当你在学习中感到急躁厌烦时，可以自言自语："不要急躁、厌烦，急躁、厌烦无济于事，只会有害无益，只有刻苦用功，坚持不懈，才能取得成功。"这样你就能心平气和，安静下来。积极的自我暗示有利于你提高自信心，增强战胜困难的勇气，摆脱不良情绪。

6. 合理发泄

当人不能调节控制自己的不良情绪时，可用语言或适当的行为进行宣泄，以求得内心的平衡。如遇到伤心事，痛哭一场；盛怒时，对着沙袋或墙壁痛击一阵。必须指出：有不良情绪的人，欲采取发泄法时，必须增强自制力，不要随便发泄不满或者不愉快的情绪，要采取正确的方式，选择适当的场合和对象。如私下向知心朋友尽情地诉说心中的烦恼、抱怨恼怒的对象，等等。

7. 从多种角度看问题

在准备考试的过程中，学生遇到挫折或发生内心的冲突是常事。倘若只从一个角度来看，可能引起不安，造成终日苦闷或烦恼。如果从另外一个角度看，就可能发现它的积极意义，使消极的情绪转化为积极的情绪。所以，学生要学会从多种角度、各个侧面去看问题，遇事要多分析、多思考，寻找适当的解决问题的办法，使自己的情绪朝健康、正确的方向发展。

四、辅导效果与反思

（一）辅导效果

（1）由于心理老师及时介入，根据来访者具体情况制订个性化的辅导方案，效果非常显著，来访者没有再出现晕倒现象。

（2）通过帮助来访者识别和改变负面的思维模式和行为习惯，重新建立对考试的合理认知和应对策略，减轻了其考试焦虑症状。

（3）在心理咨询中心定期给来访者做放松训练，如深呼吸、渐进性肌肉放松训练，使来访者缓解身体的紧张状态，从而降低焦虑水平。

（4）家校协同育人，对辅导也产生了重要影响。

（二）辅导反思

（1）充分了解来访者的背景和问题成因是心理辅导成功的关键。

（2）辅导方法的多样性和灵活性需要进一步加强。尽管采用了常见的认知行为疗法和放松训练等方法，但在实践中我发现，对于某些特殊情况，还需要不断探索和尝试新的辅导策略，以更好地满足个体的需要。

（3）在辅导过程中，与家庭和学校沟通协作至关重要。

（4）建立科学、全面的辅导效果评估体系，不能依靠个体的主观感受和短期表现，还要进行长期的跟踪观察，以便更准确地判断辅导的有效性，并及时调整策略。

（5）不断加强自身专业学习，提升对严重考试焦虑的理解和处理能力，为来访者提供更优质、有效的服务。

青春考途：以心绘梦，破解高中生考试焦虑的心灵密码

周冬梅

一、来访者基本情况

晓明（化名），女，19 岁，某高中学生，独生子女，无重大躯体疾病史，家族两系三代无精神疾病史。

晓明家住北京郊区，从小与父母生活，比较懂事听话。父母均为初中文化，在私企工作，家庭经济条件一般。家庭和睦，父母对她管得比较宽松，她独立能力较强。她自小学习优秀，高中以前在郊区上学，一直是班里的尖子生，还担任班干部，后考入北京市里某重点高中，身边的同学都很优秀，竞争很激烈。她学习很刻苦，成绩处于班级中上的水平。她是理科生，理科较好，语文和英语较差，感觉怎么补也补不上来。她对平时的考试没什么强烈的感觉，但到了重大的考试时，就会紧张焦虑，本来会做的题也容易犯一些小错误。

她的心理测验结果提示为中度焦虑。

二、来访者自述

我在面对重大考试的时候很紧张、焦虑，近来心情烦躁，睡眠不好。在参加小的考试时，我没有什么感觉。但是一到比较重大的考试，如月考、模

考等，我就会很紧张，总会犯一些不必要的小错误。我想考北京理工大学，但是觉得以自己现在的成绩根本考不上。前段时间我听老师说要保持成绩稳定，将来才好报志愿，所以我就想每次都要考好，很担心万一哪一次考不好，影响自己填报志愿，所以每次大的考试前就会有点紧张。我的理科比较好，但是语文和英语不是很好，感觉自己怎么补也补不上来。有一次语文考试，我特别紧张，全身冒虚汗，手都握不住笔。我在学校住宿，宿舍环境较吵，下晚自习后大家都说话聊天，让我感觉很烦躁，有时候晚上还会翻来覆去睡不着觉。马上就要“二模”考试了，我担心自己考不好。

三、辅导过程

（一）主要问题

考试焦虑：晓明对考试成绩的过度重视导致她有严重的考试焦虑，表现为烦躁、失眠、注意力不集中等。

缺乏社会支持系统：晓明父母的文化水平有限，无法给予她有效的学业指导；同学间竞争激烈，缺乏可以倾诉的朋友。

个性因素与认知偏差：晓明性格内向、自卑，对考试分数的认知存在偏差，认为只有每次考试都优秀才能考上理想的大学。

（二）家庭结构分析

晓明来自一个普通家庭，父母均为初中文化，对高考和高等教育的理解相对有限。他们虽然关心女儿的学习，但无法提供具体的学业指导和心理支持。她的家庭氛围较为严肃，缺乏轻松愉快的交流环境，这在一定程度上加剧了晓明的心理压力。

（三）设定目标

1. 具体目标与近期目标

（1）改变错误的认知观念：每次考试都必须优秀，这样才能考上理想的大学，是绝对化的观念。

（2）改善焦虑、烦躁的情绪：学会自我放松的方法，缓解心理压力，积极面对考试。

（3）改善睡眠质量。

（4）增强自信心，树立适合自己的目标。

2. 最终目标与长期目标

（1）提高自我心理调控能力。

（2）提高正确处理各种生活焦虑的能力。

（3）完善个性，树立和增强自信，以积极健康的心态面对学习和生活。

（四）行动方案

1. 认知调整

通过认知行为疗法，帮助晓明识别并挑战其不合理的认知观念，如“每次考试都必须优秀”的绝对化观念。

引导她建立合理的考试期望，认识到考试只是评价学习成果的一种方式，而非衡量个人价值的唯一标准。

2. 情绪管理

教授晓明深呼吸、肌肉放松等自我放松技巧，帮助她在紧张的学习环境中保持平静。

鼓励她记录每日的情绪变化，通过日记的形式进行自我反思和情绪调节。

3. 睡眠改善

帮助晓明制订规律的作息时间表，确保每天有足够的睡眠时间。

推荐她使用助眠音乐、阅读等放松活动，帮助她更好地入睡。

4. 自信心建设

通过成功案例分享、自我肯定练习等方式，增强晓明的自信心。

鼓励她设定小目标并逐步实现，以增强成就感和自信心。

5. 社会支持系统建设

鼓励晓明主动与同学、老师交流，建立互助关系。

建议她参加学校的社团活动或兴趣小组，拓宽社交圈子。

与她的家长沟通，增强家庭支持系统的功能，让家校共同为晓明提供心理支持。

（五）介入措施

1. 首次咨询

建立咨询关系，了解晓明的基本情况、问题背景和咨询需求。

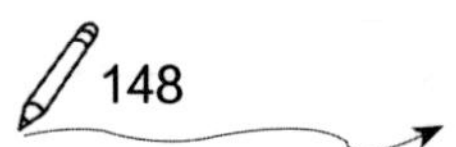

进行初步评估，确定咨询目标和行动方案。

2. 认知调整（第 2—4 次咨询）

深入探讨晓明对考试分数的认知偏差，通过认知重构技术帮助她建立合理的考试观念。

引导她进行积极的自我对话，增强内在力量。

3. 情绪管理与睡眠改善（第 5—6 次咨询）

教授晓明自我放松技巧，如深呼吸、肌肉放松等，并进行实地练习。

监测她的睡眠质量变化，根据反馈帮助她调整助眠策略。

4. 自信心建设与社会支持系统建设（第 7—8 次咨询）

通过成功案例分享、自我肯定练习等方式增强晓明的自信心。

鼓励她主动与同学、老师交流，参与校园活动，拓宽社交圈子。

5. 家庭干预

在第 4 次和第 8 次咨询之间，安排一次与晓明父母的会面。我向父母解释了晓明的焦虑状况，分享家庭支持对孩子心理健康的重要性；指导父母以更加积极、理解和支持的方式与孩子沟通，共同创造一个更加温馨、鼓励的家庭环境；建议他们关注孩子的情绪变化，避免过度施压，给予孩子足够的自主空间。

6. 跟进与巩固

在最后一次咨询中，我与晓明一起回顾整个咨询过程，总结她的成长和变化，鼓励她继续运用所学到的技巧和方法，面对未来的挑战。

为晓明提供一些心理健康资源和建议，如推荐相关书籍、在线课程或心理咨询热线，以确保她在需要时能够寻求进一步的帮助。

为晓明设定一个短期的跟进计划，包括定期的自我评估、与咨询师或朋友的交流等，以确保她的心理健康状态持续稳定。

四、辅导效果与反思

经过为期两个月的心理咨询，晓明的考试焦虑症状得到了显著的改善。她能够更加理性地看待考试成绩，不再将其视为衡量个人价值的唯一标准。

她的情绪变得更加稳定，焦虑情绪明显减少，睡眠质量也得到了提升。此外，她还学会了使用自我放松技巧，能够在紧张的学习环境中保持平静。在自信心方面，她有了明显的提升，能够更加积极地面对学习和生活中的挑战。同时，她也建立了更加稳定的社会支持系统，与同学和老师的交流更加频繁，参与校园活动的积极性也有所提高。

（一）认知调整的重要性

通过认知行为疗法帮助来访者识别并挑战不合理的认知观念，是缓解考试焦虑的有效途径。

（二）情绪管理的实用性

教授来访者自我放松技巧，如深呼吸、肌肉放松等，对于缓解焦虑情绪、改善睡眠质量具有显著效果。

（三）家庭支持的关键作用

家庭是孩子成长的重要环境，家长的理解和支持对于缓解孩子的考试焦虑至关重要。通过家庭干预，家庭支持系统的功能得到增强，这有助于提升孩子的心理健康水平。

（四）个性因素与社会支持的相互影响

来访者的个性因素（如内向、自卑）和社会支持系统（如同学、老师、家长）之间存在相互影响。通过改善个性因素、建立稳定的社会支持系统，可以进一步提升来访者的心理健康水平。

虽然晓明的考试焦虑症状得到了显著的改善，但心理健康是一个持续发展的过程。未来，我将继续关注她的心理健康状况，提供必要的支持和指导。同时，我也将继续探索和创新心理咨询方法和策略，以更好地满足不同来访者的需求，促进他们的全面发展。

“双减”背景下对抑郁症患者的减压之行

董恩婵

一、来访者基本情况

小于（化名）是一名中学生，是家中的独生子，在学校不太遵守纪律，学习成绩不突出，要是按往年本区高中生录取人数和比例来衡量，他的成绩在录取线附近徘徊。

1. 班主任发现问题

升入初三以后，绝大多数同学都像上满发条的钟摆一样，一头扎入学业，争分夺秒地奋战。作为班主任，我却发现小于同学在课堂上经常趴着，要么就是把椅子向后仰倒，自己斜躺着一边非常享受地晃悠，一边和周围情况差不多的同学打闹说笑；他还开始早恋，成绩大幅下滑；老师布置的课上、课后作业他都不完成，任课老师稍微批评两句他便眼泪汪汪，甚至有一次出手攻击了批评他的老师。在和小于沟通的过程中，我发现他的情绪非常消极，不愿意跟老师交心，而且总是把“活着没意思”之类的话挂在嘴上。

2. 与家长沟通，了解更多信息

小于属于外地户籍的学生，父母对他期望值很高，为了让他能在北京继续读高中，他的父亲费了很大心思办理了北京市工作居住证。因为来之不易，小于的父母不能接受他有考不上高中的可能。可是“双减”政策实施之后，课外辅导班都撤销了，学校的课后作业也比以前减少了；再加上小于学习习惯并不好，如果放任自流，他有很大可能考不上高中。所以，小于的父母非常焦虑，进入初三以来，对他的要求一下子严苛起来：每天放学之后，要求小于在完成学校布置的作业之后，再做一部分家长布置的作业。作业完不成，轻则唠叨，重则斥责、打骂，晚上不允许睡觉。在母亲的唠叨和父亲的斥责、惩戒下，一贯懒散的小于不但没有顺应父母的意思全心向学，反而全力反抗，矛盾逐步升级，由家庭争吵发展到父子大战。

在一次次父子大战之后，终于有一天，小于对父母喊出“活着还不如死了”的话。父母一下子慌了，不敢打骂和唠叨，甚至一言一行都战战兢兢，对儿子察言观色。小于一天天把“死”挂在嘴边，父母带他去北京安定医院进行诊治。医生描述小于有失眠、情绪冲动、抑郁发作和焦虑症状，诊断结果为中度抑郁，需要吃药物治疗。医生对其父母也进行了养育方式问卷调查，结果显示父母对其很严厉，管束、干涉、限制较多，对孩子过于溺爱，保护过多。

二、来访者自述

我是家里唯一的孩子，从小父母一直对我比较宽容，我想要的东西只要不过分，都可以满足。以前，白天上学，晚上回家和周末我都可以玩手机，父母对我的学习也没有过分要求，我一直都保持在班级中游水平。但是从初二年级下学期开始，随着中考日渐逼近，父母开始关注我的学习成绩。每次考试结束，我们都会因为我的成绩而争吵。他们不征求我的意见随意给我增加课外作业，做不完就不停地唠叨，说考不上高中就怎么样的话，我耳朵都听出茧子了。我知道他们是为我好，我也想好好学习，让他们不那么焦虑，但是我管不住自己，课堂上总是不自觉地走神，对书本知识不感兴趣。现在，我每天都不想回家，在学校里待着反而比家里舒服。

三、辅导过程

（一）主要问题

（1）小于常常被消极情绪所困扰，这些情绪可能会突然爆发或持续存在，因此要帮助小于进行情绪管理与调节。

（2）小于因学业压力过大导致注意力、记忆力、思维能力和学习动力下降，如何帮助他调整学习目标和计划、合理安排时间和任务，提高学习效率和质量是需要解决的重要问题。

（3）改变小于消极的自我认知，发现自己的优点和潜力。

（4）进行家校协同共育，教会家长沟通技巧，促进家庭成员之间的有效沟通，改善家庭关系。

（5）督促小于坚持治疗，按时服药。

（二）家庭结构分析

小于是外地户籍的学生，为了让他能有更好的教育，父亲费了很大心思办理了北京市工作居住证，让他符合“九大类”可以在京读高中的学生身份。父母对小于的期望值过高，给小于带来过大的压力，导致小于不堪重负，出现情绪和身体上的强烈逆反。父母与小于沟通不畅，惯于批评指责、冷漠忽视等，小于可能会压抑自己的情绪，久而久之出现了心理问题。另外，父亲的教养方式比较专制，他对孩子要求严格，控制欲强，很少给予孩子自主决策的权利及机会，在教育孩子方面没有科学的方式方法，简单粗暴。作业完不成，父亲轻则唠叨，重则斥责、打骂，加速了矛盾的激化，使孩子产生了焦虑、抑郁等负面情绪。妈妈对小于又过度宠爱，百依百顺。小于在这种环境中成长，缺乏责任感和独立性，抗挫折能力差，遇到困难时容易陷入抑郁状态。

（三）设定目标

（1）舒缓家长的焦虑情绪，纠正家长和孩子的沟通方式，改善亲子关系。

（2）评估来访者的学业水平，修正学习方法，帮助其提振信心，舒缓焦虑。

（四）行动方案

（1）从帮助家长改进教育方式入手，增强亲子沟通，在尊重孩子意愿的基础上进行学业干涉。

（2）提议家长参与孩子学习过程，了解孩子的学业困难，与孩子共同面对困难，共渡难关。

（3）和孩子、家长一起客观评估孩子学业的强弱项，明确未来的努力方向，减少盲目焦虑。

（4）请学校心理教师共同参与，对孩子进行心理疏压和情绪正向引导。

（五）介入措施

针对小于的问题，我决定利用自己掌握的相关理论知识和多年的教育经验，尝试帮助他进行转变，具体分以下步骤开展了此项工作。

第一步，舒缓家长的焦虑情绪，纠正家长和孩子的沟通方式。在家校沟通中，我发现家长在教育孩子方面明显缺少方法，只关注学习，希望通过超负荷学习实现家长既定的目标（这也是目前很多家长共同的问题），和孩子沟通时主要采用强势指责态度，要求孩子必须要听家长的，在关系孩子的大是大非问题上也是一贯自己说了算，忽视甚至漠视孩子的情绪和想法。这种沟通方式在面对处于青春叛逆期、独立性和抗挫败能力都比较差、对家长的话充耳不闻的孩子时，就显得举步维艰，剑拔弩张。

我尝试用心理学的“非暴力沟通理论”说服家长和孩子友好沟通，提议家长把握住尊重、真诚、倾听、共情、积极关注几个要点，坐下来听听孩子的想法，在尊重孩子意见的基础上确定最适合孩子的学习方向。对孩子父母提出的面对青春期孩子束手无策的问题，我也向家长推荐了陈鹤琴的《家庭教育》、刘称莲的《陪孩子走过初中三年》、美国简·尼尔森的《正面管教》等家庭教育指导著作，给家长提供与孩子有效沟通的理论和指导方法。

第二步，联系我校心理教师，对小于同学进行干涉辅助治疗。心理教师首先给求助者小于提供了舒适的干预环境，让他本人能在一个完全放松的环境下对自己心中的郁积情绪进行倾诉、排遣。小于说，进入初三以来，老师的各种复习作业铺天盖地而来，同学之间你追我赶的竞争也是暗流涌动。一边是同学们的大踏步前进和父母的一再施压，一边是自己日益消极的情绪和注意力无法集中、记忆力严重下降等一塌糊涂的学习状态，以及日益糟糕的学习成绩，自己非常焦虑、烦躁，自己也很想改变，但是又无力改变。之前的“女朋友”也因为初三学业进入冲刺阶段而提出和他分手，又让他脆弱的神经雪上加霜。

在小于的倾诉中，心理教师感受到他进入了越不学习越焦虑、越焦虑越学不进去的怪圈；而且对周围环境也有非常强烈的负面情绪。他认为不论是父母、老师，还是同学都不理解他，前者对他过于苛责，只知道逼着他学习，后者看不起他、排斥他，在学习上给自己制造了很大的压力。而且，他发现，当他说自己是抑郁症患者时，父母不再打骂他，老师不再要求他每天交作业，他甚至可以不用每天上学；因为自己抑郁了，提出分手的“女朋友”又回到了自己身边。他觉得这种感觉不错，所以他从不隐瞒也不避讳自己是抑郁症患者，甚至想让身边所有的人都知道这一点。

在对小于的情况进行初步评估之后，鉴于他对自己的情况比较清楚，心理老师首先鼓励他积极接受药物治疗，定期到医院进行检查，也欢迎他心理有波动时随时到心理教研室向老师求助；同时向他推荐了与父母、任课老师和身边同学积极沟通的方法。

之后，心理老师又和我及小于的家长进行了沟通，将自己了解到的孩子的情况向我和家长进行了反馈，家校协同，一起关注、关心孩子，研究解决问题的办法。随后，心理老师对小于进行了长达几个月的追踪随访，阶段性地与我和小于进行个别会谈，了解小于一段时间以来的状态及治疗情况，并提出有效的改进建议。

第三步，作为他的班主任和语文老师，我又从学业规划指导和学科学习方法角度对他实施了帮助。在“双减”政策指引下，今年中考有比较大的改革，本区有两所高中面对初中生登记入学。鉴于小于目前听课注意力不集中、学习劲头严重不足、成绩下降明显，我建议他去报名高中登记入学项目，如果能被录取，他的抑郁情绪可以从根本上得以缓解。在他本人表示还想为考高中“赌一把”时，心理老师坦诚、友好地跟他谈了一次，主要目的是端正他的应考态度，表示既然选择了，就要积极准备，迎接中考，才有可能实现自己的目标。

针对他记忆力下降明显，背诵知识点困难的情况，我向他推荐了把文章分成若干部分，一部分一部分，一层次一层次地熟读、背记的分解背诵读书法和借助提示语背诵的方法，先按顺序写出各句的一个关键词，看着关键词背诵，随着背诵逐渐熟练，逐渐减少关键词，以此降低他背诵诗文的难度，培养他对学习的信心。当他达到预期目标之后，心理老师适时对其进行了表扬肯定，并在表扬中巧妙地给他提出了更高期望。

为了让他有持续努力的信心和行动，我特意发动了他的“女朋友”，引导两人结伴学习，互相监督背诵，互相讲题并记录完成情况，一周向我反馈一次。这个行动，既能让小于有朋友的陪伴，内心安稳，又能让他在学业上有所进步。男孩子在异性面前强烈的自尊心让他有了学习的动力。老师也密切关注他的点滴进步，进行适时表扬和鼓励，让他的自信心逐渐增强了。

第四步，帮助其正确认识客观现实，鼓励其积极面对生活和各种困难。我现身说法，跟他讲自己和他同龄的时候曾经有过的错误想法和一些幼稚、荒谬的行动，让他认识到自己的某些极端想法和对周围环境不合理的认识只是处于这个年龄段孩子的普遍想法，只是不同的人程度有所差异。随着成长和思维的成熟，人对周围的认识会有很大改变。同时，我还以他身边的同等学业水平的学生都能积极快乐生活为范例，引导他放弃消极厌世的念头，改善对周围环境的不良情绪，以此促使求助者不断进行自我纠正，改变以往对特定事物、人物、环境的看法和不合理的认知，从而达到改善情绪，缓解不良心理状态的目的。我还积极向他推荐在遇到应激事件时恰当处理的对策，帮助他改善人际关系，提高应对问题、处理矛盾的能力。

四、辅导效果与反思

（一）辅导效果

在药物治疗和我、心理老师、家长的家校共育干预之下，小于的焦虑情绪有所缓解，和周围环境剑拔弩张的关系也得到了一定程度的缓解，对周围环境的归属感和认同感都有了明显提升，不再发表消极厌世的言论。中考日益临近，小于也能和其他同学一样，每天按时上课，即便是在线上网课，也很少请假，成绩逐渐提升，信心明显增强，能够以和普通同学一样的心态勇于面对中考了。

（二）辅导反思

通过这个案例，我真切感受到“欲速则不达”这句话的哲理性。无论是家长还是学校，都很有必要认真执行“双减”政策，让孩子能在相对宽松、有利于个性发展的空间内健康成长。如果小于的父母在孩子生病之前能够考虑到孩子的健康是一切成绩的基础，没有了健康什么都不再有意义，他们一定不会给孩子那么大的学业压力，过度苛责孩子做超出自己能力的努力。而且，一个孩子学习习惯的养成不是一朝一夕的，早在他们握起笔、打开书本，甚至更早的时候就已经养成了。孩子的父母如果对孩子有很高的期望，应该在一开始的时候就一点一滴地帮助孩子培养习惯，而不是临时抱佛脚，事到临头才开始实施高标准、严要求。

社会发展日新月异，各种各样的问题也在不断涌现。不论是作为家长还是老师，都需要不断学习，跟上时代，做到理解年轻人，和他们共同进步，用他们能接受的方式方法解决他们身上暴露出的问题。只有这样，亲子关系和师生关系才能更加和谐，培养起来的孩子也才可能阳光、健康，对社会有益。

作为教师，我们也要认识到不同的学生有不同的成长速度和不同的成长背景。我们要看到并接受这种差异，给不同的学生以个性化的成长空间，积极发现每一个孩子的闪光点，给他们足够多的耐心和细心，多鼓励，及时看到并肯定他们的点滴进步。只有让孩子们健康茁壮成长起来，他们才有发挥自己才干、体现自身社会价值、成为社会栋梁的机会。

助力“看月亮”男孩摆脱原生家庭的灰色影响

王　楠

一、来访者基本情况

小新（化名），14 岁，是一个可爱的男孩子。他学习成绩很好，做事积极主动，与人交往友好和气，同学都很喜欢他，老师也觉得他阳光、正气，大家都认为他将来一定会有很好的发展。但他其实来自单亲家庭，他的爸爸以前很不顾家，不爱工作，又嗜酒，每次喝醉后回家，就会耍酒疯，找他和他妈妈的茬儿，不理还不行。情绪激动时，他爸爸还会一顿打砸，打骂他和他妈妈，母亲收拾屋子都要到后半夜。最后他妈妈忍受不了，选择了离婚，他被判给了爸爸，之后，妈妈就再也没有出现过。对于这一结果，他无从选择，只能接受。但从那时起，他对父亲也失去了信心，认为要想他的家有一个好的未来，只能靠他去努力，如果他不努力，这个家的未来就没法想象了。可有时，他又觉得自己很多事都做不好，怕别人会瞧不起他。这一切，让他感到很疲惫。所以，他有时不禁想放下一切，什么都不去做，什么都不去想，这样也许才更轻松些。

因为他平时积极、乐观的表现，我们在他身上丝毫感觉不到单亲家庭的阴影和影响。可是，在一次课间聊天时，他问了我一个奇怪的问题：“老师，您喜欢看月亮吗？我最近发现，月光真的好美。”“老师曾经很用心地欣赏过月光，也认为月光好美，不过已经好久没有时间去看月亮了。你是什么时间看的呀？”我顺着他的话问道。“老师，跟您说实话，我最近就像魔障了一样，每晚，月亮一出来，就想看月亮，直到必须睡觉时，才上床。怕我爸发现，我都不敢发出一点声音。有一天，我正在写作业，忽然想到该看月亮了，立马就收起作业，关灯看月亮。还好，那天作业早上起来补完了。”说这话时，他声音很轻，好像在与我分享秘密。“那你看月亮时，都想什么了？”我仍旧平静地和他交流。“什么都想，我都觉得自己是哲学家了。”孩子出现这种情况，很明显是出现了一些状况影响了他，而且这些状况应该还是不易察觉的，容易被家长、老师，甚至是他自己忽略的。

二、来访者自述

我看月亮时会思考很多问题：人从哪里来？人为什么活着？等等。有时，我自己都不知道自己在想什么，但往往都想不出结果，越想越头疼，可又止不住去想。老师，最近我常在想是当好学生好，还是当坏学生好。如果是一个坏学生，将来发展得很好，你们是不是更愿意把这样的学生作为案例去鼓励以后的学生？而一个好学生，将来发展不好，是不是会成为反面典型，甚至您都不希望教过这样的学生吧？

三、辅导过程

根据所收集到的信息，我对本案做出预估分析。

（一）主要问题

（1）小新从小父母离异，家庭结构不完整和家庭结构缺失，给家庭成员心理带来了冲击。

（2）原生家庭的问题，让他背负着沉重的心理负担。

（3）孩子一直在外表现出积极乐观的状态，不易让外人感知他内心真实的想法，当遇到问题时常处于孤立无援的境遇。

（二）家庭结构分析

小新的问题，并不只是他个人的行为问题，而是整个家庭的交往模式问题。个人的问题只是表象，亲子关系是内因，因此，应该通过多元化、多层次的家庭介入，改善家庭关系，最终解决学生的个人问题。

（三）设定目标

（1）短期目标：帮助男孩识别和理解自己当下的情绪，尤其是与原生家庭相关的负面情绪，如愤怒、悲伤、焦虑等，使他能够更好地应对日常情绪波动，将因原生家庭问题引发的情绪失控频率降低。引导男孩开始思考原生家庭对自己的影响，意识到自己的一些行为模式、思维方式可能与原生家庭有关，提升自我认知的意识。

（2）中期目标：协助男孩深入挖掘原生家庭具体事件和模式对他的影响，教授男孩应对原生家庭压力和负面情绪的技巧，如情绪调节方法、放松训练等，使他在面对与原生家庭相关的情境时，能够更有效地应对，减少情绪困扰。帮助男孩改善与原生家庭成员的关系，建立更健康的沟通模式和边界，或者帮助他在无法改善关系的情况下，学会与原生家庭保持适当的情感距离。

（3）长期目标：帮助男孩重新构建积极的自我认同和自我价值感，摆脱原生家庭带来的负面自我评价，形成独立、自信、健康的人格。使男孩能够将在咨询中获得的成长和改变应用到日常生活的各个方面，包括学业、职业发展、人际关系等，实现整体生活质量的提升和个人成长。培养男孩自我反思和自我成长的能力，让他能够在未来的生活中不断应对各种挑战，持续完善自己，不再受原生家庭灰色影响的束缚。

（四）行动方案

（1）解决孩子的心理困惑，减轻孩子的心理负担。

（2）让孩子的爸爸了解孩子现状，与他一同分析原因，并为他提供改善方案。

（3）利用班会，调查班级学生的心理状况，并有针对性地进行干预。

（五）介入措施

1. 解决孩子的心理困惑

放学后，我们在小会议室继续之前的话题。

我对他说：“老师评价好学生、不够好的学生，是以你们现在的各方面表

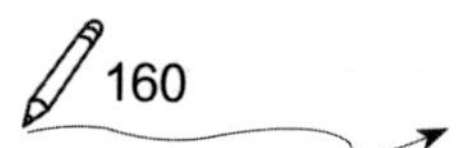

现而定的，这没错吧？”小新点点头。

“那现在的好学生如果将来发展不好，一定是他在以后不再努力，不再用心，所以才有了不好的结果，也许还可能有一些特殊的原因，但老师对这样的孩子只会感到惋惜。现在表现不够好的学生将来有很好的发展，老师相信他一定是在以后付出了更多的努力后，才有了好的结果。老师当然会为他高兴，虽然他不是在老师教他时就懂得努力的。老师相信，只要小新像现在这样努力，你的将来一定是美好的。不但我这么说，好多老师也对我说过这话，认为你会有很好的发展前途。”

这只是一个 14 岁的孩子，原生家庭的问题让他背负着沉重的心理负担，可以想象当时他的彷徨、无助。应该就是这个原因让他有了“看月亮”的行径，有了那么多想法。了解到这些之后，我积极地开导他，让他放下心理包袱，让他多看看爸爸现在的变化，他的爸爸在认真地工作，有能力支撑这个家；鼓励他多和爸爸交流、沟通，去表达自己的感受和想法，那是自己最亲近的人，是最关心自己的人；也让他多感受老师、同学对他的关心，大家对他的喜爱都是发自真心的，都希望他真正地开心快乐。

2. 与孩子的爸爸有效沟通

之后，我又和小新的爸爸长谈了一次，和他的爸爸聊起了孩子现在的状况，一起分析了原因，还和他的爸爸交流了原生家庭对孩子的影响。王朔曾说过：“缺爱是中国家庭普遍的癌症。”孩子对家长，常常是从怕他们、烦他们，到吵他们、躲他们，最后蔑视和可怜他们，反正就是没有爱过他们。如果原生家庭中的关系模式是充满敌意的，那么一个人就会不断复制敌意，他不仅会对那些与他有冲突的人充满敌意，对那些本来对他很好的人也会充满敌意，最后这些人也真的从对他友善转向了与他敌对，孩子的一生可能就是灰暗、惨淡、不幸福的。相反，如果原生家庭中的关系模式是信任、友善、和睦的，那么一个人就会不断复制信任、友善、和睦，他不仅能赢得一般人的信任、友善，还能赢得那些很难相处的人的信任、友善，最终孩子的人生就可能呈现出一种积极、阳光、幸福的状态。他的爸爸了解了这些后，也表示愿意积极配合，让孩子不再对以前的事存有心结，快乐生活。

3. 改善原生家庭对孩子的影响

我在一次班会上，让班里的孩子都做了一次“房树人”的心理测试，分析他们现阶段的心理状况。结果显示，大部分同学都有焦虑、不安的情况，而这些情况大都是能从原生家庭找到根源的。之后，我针对这些情况，召开了一次家长会，和家长沟通原生家庭对孩子的影响，并针对典型案例和家长们一起探究解决的方案，彼此都受益良多。我又和孩子们一起谈心，让他们明白，每天我们也都在演绎着属于自己的人生故事，之前上演过的，我们不能改变，但我们可以用积极的心态去对待。这样，好的事情带给了我们开心、幸福，不好的事情也会给我们教训和独特的体验。而以后的人生，我们是可以把握的，你现在的做法一定会影响你的未来。

不久，小新告诉我，他不再每晚看月亮了；一些孩子也告诉我，他们的家长变得更可爱了，我想这就是大家改变的开始吧。

四、辅导效果与反思

（一）辅导效果

经过多次的辅导，小新改变了错误认知，不再每晚看月亮了，与父亲的亲子关系也得到了改善。

（二）辅导反思

在这件事后，我进行了深刻的反思，每个人都在受着原生家庭的影响。孩子由于缺少判断力，可能都不知道自己一些特定行径的根源在哪里。老师一定要用心去觉察，用心去体味，用心去呵护，这样才能真正理解孩子。老师和家长要形成合力，让原生家庭对孩子的发展起到积极的促进作用，更好地帮助孩子。我愿意做孩子心灵的护卫者，因为他们需要这样的老师。

别让一杯水压垮自己

孙治英

一、来访者基本情况

小玉（化名）以全校尖子生的身份考入某校，也许是母校成绩水平相对较差，也许是来自各个区县的学生都出类拔萃，在进入高中后的第一次“摸底”考试中，她在班级的排名是第 18 名。她非常焦急，暗下决心，期末考试一定要进入班级前 5 名。从那以后，她成为班里最用功的学生，把所有可利用的时间都花在了学习上，中午不休息，回到宿舍也马上写作业、复习，每天晚上复习到很晚才休息，可以说，她已经把一切可利用的时间都用上了。在期末考试前的小测验中，她的学习成绩依然没有起色，反而出现注意力不能集中、易被小事干扰、思考问题的速度与清晰度降低、记忆力减退、做事的变通性降低等症状，并伴随着忧虑、紧张、担心、失眠等现象。每天除了吃饭和睡觉，她几乎把所有的业余时间都用在了学习上。可是老天爷好像故意在跟她开玩笑，一个学期下来，她的名次不仅没有上升，反而下滑了好几名。于是，她又开始不断地给自己“加压”，不仅舍不得浪费一分钟的业余时间，还把 7 小时的睡眠时间主动缩减到 6 个小时。就这样又坚持到高二第一学期结束，令她万万没有想到的是，她的成绩竟一下子落到了第 32 名。她简直不敢相信这个事实，整个人就要崩溃了，觉得自己不是上高中的这块料，于是她跟班主任说出想退学的想法。班主任做了大量的思想工作无效后，将她带到学校的心理健康教育中心。

二、来访者自述

真丢人，从小到大我还没有考过这么低的成绩，在班里才排第18名。我心里非常着急，希望通过自己的努力，把自己的成绩搞上去。于是我就加班加点地学习，把所有可利用的时间都花在学习上，中午不休息，回到宿舍也马上写作业、复习，每天晚上复习到很晚才休息，把一切可利用的时间都用上了。在期末考试前的小测验中，我的学习成绩依然没有起色，反而出现注意力不能集中、易被小事干扰、思考问题的速度与清晰度降低、记忆力减退、做事的变通性降低等症状，并伴随着焦虑、紧张、担心、失眠等现象。我的成绩不进反退，已经落到了第32名。

三、辅导过程

（一）主要问题

（1）生理层面：身体上容易出现疲劳，经常感到困倦、乏力、精力难以恢复。视力下降，内分泌失调，长达3个月不来月经。

（2）心理层面：有焦虑情绪，总是担心成绩不好，考试失利，内心不安。对学习失去兴趣和热情，感到生活无趣。在与同学比较成绩时，容易觉得自己不如别人，从而产生自卑。

（3）学习方面：学习效率降低，压力过大导致大脑疲劳、无法高效吸收知识。考试发挥失常，由于过度紧张，在考试中不能发挥真实水平。

（4）生活方面：没有时间和精力去发展个人爱好，为了学习熬夜，影响睡眠质量和时长。

（5）社交方面：为了学习减少了与朋友相处的时间，导致人际关系变得疏远，因学习压力大而情绪不稳定，容易与家长发生争吵。

（二）家庭结构分析

来访者来自单亲家庭，爸爸在她上小学时因病去世，家庭所有的重担都落在了小玉妈妈身上。小玉意识到家庭的经济困境，认为只有通过优异的学习成绩才能改变现状，从而产生压力。妈妈由于除上班以外还要打小时工挣钱，无法给予小玉足够的情感关怀和支持，小玉在学习中遇到困难时，容易感到无助和有压力。

（三）设定目标

（1）倾听与理解：定期咨询，让来访者倾诉内心的感受和困扰，表达理解和同情。

（2）情绪调节：教会来访者一些情绪管理的方法，如深呼吸、冥想、积极的自我暗示等，帮助来访者在感到压力时冷静下来。

（3）树立正确心态：引导来访者认识到学习是一个长期的过程，失败和挫折是正常的，不要过分苛求自己。

（4）学习方法指导：帮助学生制订合理的学习计划，将大目标分解为小目标，使其更具可操作性和可实现性。引导来访者合理分配时间，避免过度劳累，保证充足的休息时间。传授来访者有效的学习方法，如如何做笔记、如何总结归纳知识点、如何提高记忆效率等。

（5）与家长沟通，让家长了解来访者的压力状况，建议家长调整对孩子的期望值，营造宽松的家庭氛围。

（四）行动方案

（1）帮助来访者设定符合自身实际情况的学习目标，避免因目标过高，无法实现目标导致产生挫败感。

（2）改变来访者错误的认知，引导来访者正确看待考试成绩和排名，让她明白学习的目的不仅仅是取得高分，更是获取知识和提升能力。

（3）跟班主任及时联系，让班主任找热心、开朗、学习成绩比较好的学生开展同伴互助，鼓励学生之间互相帮助和支持，共同面对学习中的困难和压力。

（五）介入措施

为来访者介绍以下认知：

第一，做事不要超出可操控的范围。举一个最简单的例子，开汽车什么时候感觉安全，感觉要飘起来肯定不安全，感觉应付自如肯定是安全的。不要把目标定得过高。

第二，感觉有压力时不要视而不见，要赶紧应对。

第三，人生在世只有学会孔子说的“从心所欲，不逾矩”，灵活机动才能够更好地生存。该逃的时候要逃，逃并不是怕死，而是为了更好地进攻。

第四，不要后悔，所有人都会犯错。歌德说过，人只要奋斗就会犯错，什么都不干肯定不会错了，只要干事就会有错，有错没有关系，下次少一点错就可以了。

第五，要有自信心。首先要说“我能”，“能”是第一条，然后看能到什么程度。

第六，不要张罗太多事，有的事要学会拒绝，做不了的事要用委婉的办法来拒绝。

第七，有效地分配时间，将学习任务或工作任务按轻重缓急编定先后次序，然后依次逐步完成，阶段性的成果可减轻同时展开多份任务而又无法完成带来的压力。

第八，课下应做适量运动，既可强健身体，亦可减压，或可在教室做一些简单的伸展运动，减轻肌肉疲劳。

第九，遇到困扰或情绪低落时，可与家人或朋友倾诉，通过与同学沟通，既可以获得支持和关怀，亦可发泄情绪。

第十，即使再忙，也要有必要而充分的睡眠，这对松弛绷紧的神经至关重要，对于处在身体发育时期的学生来说尤为重要。

第十一，如果实在感觉压力太大，无法应承致使情绪低落，不妨去听听音乐、看看电视剧，哪怕偶尔“疯狂”消费一下也可以。当然这是一种矫枉过正的办法，不可频频使用，更不能成为懒惰、涣散的借口。学生应养成持之以恒、平衡有序的生活习惯，但不能做“书呆子”，不应放弃享受美食、享受户外活动或发展个人兴趣带来的乐趣。以上的许多办法都能减轻学习压力，为进一步的学习贮存能量。

别让一杯水压垮自己！一杯水，可端三十秒、一刻钟、半小时，自忖能端一天、一宿否？这么简单的生活细节蕴含的哲理如此深厚：一杯水在手，常量不变，你端得久了，就觉得它沉重。时间越长，它越沉重，直到你无力承受。如果你累了，就放下这杯水，休息一下，再端起来，你就可以想端多久就端多久……

别让一杯水压垮自己，人生本来就是一次负重旅游，不要苛求自己！

四、辅导效果与反思

（一）辅导效果

经过5次的心理咨询，小玉的焦虑减轻，不再过度担忧学习成绩和未来，能够以更平和的心态面对学习任务。她的抑郁情绪也得到缓解，重新找回了对生活的兴趣和热情，对自己的能力有更客观的认识，相信自己能够克服困难。班主任反映小玉能够高效地完成学习任务，注意力更集中了，学习成绩已经提高到班级第5名。另外，她与家长的沟通更加顺畅，关系更加亲密和谐。她愿意积极参与同学之间的交流活动，彼此之间的友谊增进了。压力减轻后，她能够获得充足且高质量的睡眠，精神状态良好，在后续的学习和生活中，能够更自主地调整自己状态，应对各种挑战。

（二）辅导反思

（1）在辅导过程中，应注意觉察采用的心理疏导技巧是否真正帮助学生缓解了焦虑和压力，如倾听、共情、正面激励等方法是否运用得当。

（2）应确保来访者能够理解我所教授的学习方法和时间管理策略，并能够将其有效应用到实际学习中。

（3）应跟踪家校协同共育是否充分和有效，家长是否理解并积极配合辅导工作。

（4）充分利用学校的教育资源，学校心理咨询室有身心放松室和催眠椅，为来访者提供更全面的支持。另外和任课教师、班主任联系，进行有效协作，共同为学生解决问题。

（5）辅导结束后，应确认是否建立了有效的跟踪机制，以观察学生的后续发展、及时提供必要的帮助，并根据学生的变化，灵活调整辅导策略和计划。

运用阳性强化法，提高学生的自控能力

孙治英

一、来访者基本情况

小熊（化名），男，13 岁，是一名中学生，大眼睛，与人交流时，眼神总是散的，注意力不集中。小熊散漫好动、成绩差，表现为课堂纪律差，课上经常玩东西，好搞小动作，还经常无故招惹其他同学。他常因为上课说话，做事丢三落四，和同学追跑打闹被老师、家长批评，老师见他头疼，同学怕他、躲着他，大家都不愿意和他交往。

我第一次约小熊进行谈话时，他站在我面前，背着手，一脸满不在乎。我让他坐下，他略微低下头，用脚蹭蹭地板，紧接着把头扭开，恢复一脸的满不在乎。我拍拍他的肩膀，让他坐在我的旁边。通过谈话，我了解到他的家庭情况：小熊是独子，父亲在公司工作，母亲是一名小学教师，父亲为了生活，忙得没时间管他，教育孩子的任务就完全落在他母亲身上，有时他母亲工作一忙，就忽视了对他的教育。

在随后的几天，我努力多接近他，关注他。下课后，我常找他聊天，很快我跟他熟了起来。通过接触，我发现这名学生非常聪明，领悟力和自尊心特强，想把身上的坏毛病改掉，但就是克服不了自己这一现状，我决定运用阳性强化法为小熊提供心理咨询。

二、来访者自述

我从小就自控能力很差，在学习上很难集中精力，每当我准备学习时候，总会被周围的动静吸引，如窗外的鸟鸣声、同学的交谈声、手机的震动提示音等。我也想专注书本和作业，但就是无法控制我的注意力，导致学习效率低下。由于成绩不好，我发现家长、老师、同学们都不喜欢我。我也想学好，但是控制不住自己。

三、辅导过程

（一）主要问题

（1）老师和同学的不接纳，损伤了小熊的自尊，让他有了逆反心理、渴望得到别人重视的心理，导致他产生了不做作业、扰乱课堂纪律等不良行为。

（2）父母对教育存在的错误认识及小熊父亲的暴力倾向，给他展示了坏的样例，并导致小熊对自己的问题行为缺乏正确的认识。

（二）家庭结构分析

小熊父母感情一般，经常争吵，父亲脾气急躁，对孩子缺乏耐心，当孩子犯错误的时候，非打即骂，教育方法简单粗暴，使孩子形成了暴力倾向和逆反心理。我将阳性强化法的操作流程一步一步地教给小熊的母亲，并希望家长和学校共同配合，共同对学生进行干预。

（三）设定目标

根据以上的评估与诊断，我同家长和小熊协商，确定辅导目标，目标应该符合有效性的 7 个要素：具体、可行、积极、双方可以接受、属于心理学性质、可以评估、多层次统一。

（1）具体目标与近期目标：课上不“惹是生非”。

（2）最终目标与长期目标：帮助小熊掌握正确的人际交往方法，重建其自尊心，使其成为好学、上进、有责任心的人。

（四）行动方案

1. 目标

对本个案的心理咨询，计划运用阳性强化法、求助者中心疗法和家庭、学校系统治疗方法开展。由于个案小熊的问题行为主要出现在学校，所以主要要征得小熊班主任和任课教师的配合，共同明确靶目标和矫正措施，以及如何实施强化。

小熊的问题行为是课上“惹是生非”，干扰老师教学，课下打骂同学。所以第一阶段的靶目标是减少课上干扰课堂的次数。

2. 双方各自的特定责任、权利与义务

明确当事人及其监护人的责任、权利和义务。

责任：

（1）向教师提供与心理问题有关的真实资料；

（2）积极主动地与教师一起探索解决问题的方法；

（3）完成双方商定的作业。

权利：

（1）当事人可以根据个人意愿中止咨询帮助；

（2）对帮助方案的内容有知情权、协商权和选择权。

义务：

（1）遵守和执行商定好的帮助方案内容；

（2）尊重教师，遵守预约时间，如有特殊情况提前告知教师。

明确教师的责任、权利和义务。

责任：

（1）遵守职业道德，遵守国家有关的法律法规；

（2）帮助当事人解决心理问题。

权利：

了解与当事人心理问题有关的个人资料。

义务：

（1）遵守和执行商定好的帮助方案各方面的内容；

（2）尊重当事人，遵守预约时间，如有特殊情况提前告知当事人。

（五）介入措施

采用阳性强化法。阳性强化法的基本原理是，行为主义认定行为是后天习得的，并且认为一个习得行为如果得以持续，一定是被它的结果强化了。所以要想建立或保持某种行为，必须对其施加奖励；及时奖励正常行为，漠视或淡化异常行为，能比较有效地矫治儿童行为问题。

在本案例中，即对学生符合课堂要求的行为采取及时进行奖励的方式。各任课教师给该生如实填写课堂表现，如果该生基本符合课堂要求，任课教师就在记录本上写个优，一天获得 6 个优，家长就要奖励一个剪贴物作为货币代金券，获得 20 个货币代金券，学校老师就要在全班提出表扬，并给予奖励（奖品由家长根据孩子的喜好购买后送到学校）。

心理咨询是与班主任和家长共同进行的。心理干预时间为从最初接触个案到干预全部结束，预计有两个多月。具体安排如下：搜集资料一周；与个案、班主任、家长共同制订行为矫正计划一周，其中对家长咨询一次；实行行为矫正四周，并对个案咨询一到两次；巩固两周后，对个案再巩固咨询一次，与班主任、家长联系，了解治疗效果。

具体的咨询及介入措施如下。

1. 诊断阶段

此阶段的目标为建立咨询关系，收集相关信息，确定问题类型，确定咨询目标，制订咨询和干预的实施方案。

本个案小熊的行为问题的原因有下面几个：

（1）家庭是人生的第一所学校。小熊出现行为偏差，家庭教育不当是一个重要的环境因素。父母对教育存在的错误认识及父亲粗暴打骂的做法，给孩子树立了不良的模仿对象。

（2）教师及同学的不接纳，损伤了小熊的自尊，使其产生了逆反心理及渴望得到别人重视的心理，导致他产生了不做作业、扰乱课堂纪律等不良行为。

（3）不良行为又导致小熊的学习成绩红灯高挂。

（4）小熊对自己的问题行为缺乏正确的认识，所以缺乏改进意愿。

鉴于上面对小熊问题行为的原因分析，我决定采用以下干预方案：

（1）取得小熊班主任和任课教师的支持，采用阳性强化法，改变小熊的课堂行为。

（2）取得小熊班主任的支持，采用求助者中心疗法，创设友好氛围，让小熊与老师及同学能融洽相处。

（3）与小熊进行谈话，引导其认识到自己的问题，激发其上进心，使其用更高的标准要求自己。

（4）采用家庭治疗方法，与小熊的父亲联系，说服其改变粗暴的教子方法，从而改变小熊打骂行为的模仿榜样，同时指导其父母改进教育方式及认识到早期教育的重要性，为小熊营造良好的家庭氛围。

2. 咨询干预阶段

矫正时间：一个月。

拟矫正的目标行为：课上不搞小动作；上课认真听讲。

（1）小熊的课堂问题行为首先来自同学及老师的不接纳：老师把他单独安排在教室最后，无形中让他与同学之间有了一种隔离。我首先请班主任协调，让小熊与同学并排而坐，消除他与同学之间的隔离感，这个举措让小熊感到很开心。从空间看，他已被集体接纳。

接着绘制课堂行为表现一览表，并与小熊约定奖惩契约，促其进步。

①课堂上专心听讲，不搞小动作，不招惹他人。一天6节课全部做到，任课教师要在记录本上写个优，家长要在他的表格上剪贴一个五角星（代币券）。

②连续三天做到，班主任要在记事本上写上一句鼓励的话，并告知家长在家里表扬、鼓励孩子一次。

③连续一周做到，请班主任在班会上表扬他一次。

④获得20个货币代金券，学校老师就要在全班提出表扬，并给予奖励（奖品由家长根据孩子的喜好购买后送到学校）。

（2）要从根本上解决小熊的行为问题，还有一个需要完成的任务，那就是提高小熊的学习成绩。如何帮他提高学习成绩呢？小熊聪明，领悟力强，成绩差主要是因为之前没有认真听课，只要认真听课，按时完成作业，补习落下的知识，成绩很快就能上去。我与小熊各任课老师特别是班主任沟通，取得支持，对小熊的作业暂时采用不同的评价标准，只用“对”，不用“错”，让他感觉自己做对的多，培养他的成就感，而成就感可以帮小熊建立内在的动力机制，有了内在动力，学习就不再是苦恼的事。当然，错的地方也要解决，只是换种方法，促使他自己去努力。

（3）与小熊的父母联系，约其父母到学校共同商量如何解决小熊在学校的问题行为。

我告诉家长，小熊是个聪明、悟性高的孩子，只要教育方法得当，可以成为一名优秀的学生，并强调治疗儿童存在的心理行为问题，必先矫治父母及家庭本身存在的问题。父母表示认同。为了孩子，父母决心改变自身原有不良习惯，改变教育方法。我们就如何教育孩子才能取得比较好的效果及早期教育的重要性进行了探讨，最后达成共识：对孩子的教育，越早越好。教育要讲原则，既不能溺爱、迁就，也不能动不动就上拳头，家长要以鼓励为主，当孩子犯了错误时，一定要先了解情况，要和孩子一起想办法改正。最后，小熊的父亲答应以后不再打小熊了。

3. 巩固阶段

实施上述系统咨询一个月后，我分别与小熊的班主任、父母进行谈话，了解情况。

实行行为矫正一个月后，小熊在课上的变化很大，基本已能遵守纪律了，学习成绩也有了提高。只是干扰课堂的现象偶尔还会出现，我与小熊班主任共同分析，认为这种情况是正常的，坏习惯很难一下子改掉，可以继续坚持咨询方案。

我又与小熊进行了一次谈话，鼓励小熊对自己要有信心，要有高标准，争取当上班干部，争取更大的进步，老师对他是满怀信心的。

四、辅导效果与反思

（一）辅导效果

通过使用多种方法，尤其是行为矫正方法和目标激励方法对小熊的行为问题进行矫正，效果很好。在最开始的一周，效果不是十分明显，有时小熊还会出现上课搞小动作的现象，通过老师的暗示及同学的提醒，他能努力控制自己。对于小熊每一点进步，老师都及时给予表扬，在老师和同学们的不断关心及鼓励下，特别是在班主任的协助下，他的不良行为逐渐得到矫正。一个半月后，良好行为逐步得到增强，搞小动作和违反课堂纪律的现象基本没有了。经过上述的系统咨询和干预，小熊进步非常大，课上已能遵守纪律了，不再干扰课堂学习了，学习成绩也有了大幅度的提高。上学期期末考试一下进步了20多名。家长带着孩子到学校来感谢我，并表示下学期，用这种方法继续努力，取得更大的进步。

（二）辅导反思

对学生不良行为实施矫正，需要一个较长的周期，这当中还会有反复，关键是教师对学生要有信心，要持之以恒。只要透过现象找到事情发生的源头，只要教师满怀真诚、公正地对待他，事情就能圆满解决。当然，造成学生不良行为的原因是多方面的，只有全面、细致地了解情况，全方位地开展心理咨询，把学校、家庭的教育力量整合起来，辅导的力量才会更强、更有效。

如何施加奖励以强化学生的良好行为，漠视或淡化其异常的行为呢？结合多年的工作体验，以下是我的几点体会：

（1）想方设法不关注孩子行为下的潜在原因，只关注孩子可见的外在行为，不要犯“一叶障目”的错误，哪怕他有99.9%的阴影，我们也要看到他所拥有的0.1%的光明面，并以那0.1%为贵，对其积极面、光明面加以放大。

（2）奖励要及时和恒常。尽量发掘孩子的闪光点并及时予以表扬、奖励，不要等到事情都已经告一个段落了再奖赏，那样毫无意义；要坚持不懈，不能因为心情好就极力表扬，心情不好就草草了事，随便找句话敷衍了事。

（3）赞扬要具体。如我们经常会赞扬孩子“你真棒”“太棒了”等等，但你要具体说明棒在哪里，哪里做得好。

（4）奖励的目标是可以测量的。要对孩子进行奖励以巩固强化或促进他的良好行为，这个行为是可以测量、可行的，不是好高骛远、难以实现的。目标是孩子完全可以达到的，不是架空的，当中也是有个渐进的过程的。愿我们能用心去读懂孩子们的心！

尖子生高考的心理负重

孙治英

一、来访者基本情况

小林（化名），男，18 岁，中学生，成绩一直在年级名列前茅。父母是农民，平时都不管小林的学习，只是希望他通过自己的努力，考上理想的大学，通过知识改变自己的命运，改变家庭的命运。小林对自己要求非常严格。希望以全校第一名的身份考入自己理想的大学。

那天下午正赶上我值班，正值高三九校联考成绩揭晓，没有想到我们高三年级的学习尖子小林到办公室找我。他站在桌旁，一声不吭。我看了看他，微笑着问："小林怎么啦？有事吗？"过了一会儿，他才开口说："孙老师，我听过您的心理讲座，想跟您聊一聊。""好啊，咱们到咨询室里好好地聊一聊，怎么样？"我跟他说。他顿了一下说："好吧。"

来到咨询室里，我给他简单介绍了咨询的原则，包括保密性原则后，我们俩就开始了咨询。

二、来访者自述

我出生于一个普通的农民家庭，从小就聪明好学，成绩拔尖。小学、初中，我的成绩在全年级总是排第一。中考时，我以全校第一的优异成绩考入了我校重点班。

高中期间，我仍然勤奋好学，但各区县品学兼优的学生也都汇聚到这个班，我的成绩虽然一直名列前茅，但失去了领头人的地位。

时光荏苒，转眼我已是高三的学生了，我决心要以领头人的身份考入重点大学。同寝室的 7 名同学也在积极备考，他们的学习成绩都很好，是我的强大竞争对手。

离“一模”只有几个星期的时间了，“一模”一过便马上会迎来令人瞩目的高考。现在是高考考试复习的关键时期，我就全力以赴做好高考的备考工作。除了利用好上课时间，我喜欢的篮球运动也不玩了，晚上寝室熄灯后，我还会一边打着手电，一边看书，直到凌晨 2 点多钟才允许自己睡觉。但近来我觉得看书的效率突然变得很低，表现为精神不集中、胡思乱想。

上个星期，我们高三年级进行了九校联考，这次联考对我而言很重要，因为上次期末统测，我以 2 分之差排在全年级第 2 名，这次九校联考，我一定要靠实力把我第 1 名的宝座夺回来。今天九校联考的成绩出来了，这次考试我考砸了，心情糟透了，我的名次排在第 5 名。我的强势学科数学才考了 117 分，之前我一直是第 1 名，这次却被别人抢去了名次。我忽然觉得过去的学习成绩似乎都是假的，这一次我在强项上都出现失误了，我真的不愿接受，我害怕接下去我的状态会越来越糟。如果这种情形出现在高考，我就完了。

三、辅导过程

（一）主要问题

（1）过度追求完美：小林对自己期望值过高，追求完美，不允许自己出现任何错误或不足，这种过度追求完美的心态可能导致他心理压力过大。一旦遭遇挫折或失败，他就会产生强烈的自我否定和挫败感。

（2）身处优秀学生群体中，竞争异常激烈，时刻担心被他人超越，长期处于紧张状态，过度关注竞争排名，忽视了自身的全面发展和身心健康。

（3）小林对学习成绩过度在意，产生了学习焦虑，害怕成绩下滑，出现了因考试焦虑而影响正常发挥的情况。

（4）小林长期在赞扬和荣誉中成长，心理承受能力可能相对较弱，难以应对较大的挫折和批评。

（二）家庭结构分析

小林的父母都是农民，初中文化水平，家庭贫困，父母希望孩子能够通过知识改变自己的命运，改变家庭的命运，这可能会给小林带来沉重的心理负担。由于长期以来都是尖子生，小林将自身价值与学习成绩挂钩，忽略了自身在其他方面的优点和潜力，一旦学习出现问题，容易全盘否定自己。

（三）设定目标

（1）帮助小林应对高强度学习带来的压力，预防焦虑、抑郁等心理问题，确保其心理状态的稳定和积极。

（2）培养小林的坚韧的品质和从挫折中迅速恢复的能力。

（3）引导小林正确看待成绩和排名，避免过度竞争带来的不良心态。

（4）协助小林全面、客观地认识自己的优势和不足，避免因成绩优秀而产生过度自负或片面的自我认知。

（四）行动方案

（1）鼓励小林定期预约咨询，为其进行心理评估，根据评估结果，提供有针对性的心理支持和应对策略。

（2）家校协同共育，举办家长工作坊，指导家长正确支持孩子的学习和心理发展。帮助小林改善家庭沟通模式，营造良好家庭氛围。

（3）教授放松技巧，如深呼吸、冥想、渐进性肌肉松弛训练。帮助小林制订合理的学习计划和时间管理策略。教会小林识别和理解自己的情绪，学习情绪表达和控制的方法。

（五）介入措施

尖子生小林的话使我很震惊，原来自己认为很“安全”的优秀生并不“安全”，一旦遇到挫折，他们遭受的打击似乎远远大于一般的学生。

我拍拍他的肩膀说：“这次九校联考，数学题出得这么难，你虽然没有得第 1 名，但考了 117 分，也足以体现你的实力和水平，对自己怎么能不满意呢？”他说：“还有几个月就高考了，我连强项的第 1 名都保不住，其他科目更不要说了，我现在真的没有信心。”我纠正说：“你没有得第 1 名，就认为自己失败了，这种想法是不对的。首先，在学习中，不要只盯着自己的眼睛和鼻子，要能看到别人的优点和进步，要正确看待别人超过自己。你想，就像运动员在操场上跑步，长时间地跑在第一个，容易失去目标，容易懈怠，现在别人超过了你，正好在你需要的时候，给你提供了新的奋斗目标、竞争对手，这不是更有利于你才能的发挥吗？其次，世界上没有常胜将军，你要允许自己失败，失败并不可怕，关键在于我们怎样认识它和对待它。如果对挫折没有正确的认识，你就会缺乏应有的心理准备，遇到挫折就会惊慌失措，痛苦绝望；如果有了正确的挫折观，你就能做好充分的心理准备，并且敢于正视面临的挫折，那么失败就会成为成功之母。正所谓宝剑锋从磨砺出，梅花香自苦寒来，适时的、适当的挫折对我们的学习不仅无害，反而大有裨益。你明白这个道理了吗？”他若有所思地点点头。

随后我听他讲了心中的故事。小林觉得自己从高一下学期用功开始，就被一片赞美声包围，老师们把他树为榜样；在家里，爸爸妈妈对他关爱备至，百依百顺，逢人就夸他聪明懂事，成绩又进步了，等等。然而赞扬越多，小林越感到肩上的压力很大，他成了只能进不能退的“报喜鸟”，他无法想象，如果有一天他的学习成绩下滑了，世界会变成什么样，他还有没有脸见人。“我多疑，脑子常常冒这样的念头：那个同学的脑子跟我的脑子接通了，我脑子里的智慧跑到他脑子里啦，他又该超过我了。越是考试的时候，我越容易有这样的念头，所以，考试总发挥不好。数学算是我的强项，老师也这样说，可我偏偏发挥不好。这不，昨天考试我又胡思乱想，结果没发挥好。别人考个好名次，是那么开心，可我有个好名次，总是担心，怕好名次保不住。平时学习，别人在我之前做出来某道题的话，我特不好受，总认为这代表别人比自己强……”

“那么，你实际的学业水平如何呢？”我问。

“一般在年级前 5 名，考得不好时也在前 10 名。期末考试全区统测，我的排名为全校第 2 名，比第 1 名仅差 2 分，总分 605 分。”

“成绩很优秀嘛，考上重点大学肯定没问题，你还怕什么？”我鼓励地说。

“不是的，老师，我应该考全年级第一，我的目标是中央财经大学。”

“你实际考过年级第一吗？”

“没有。”

“那你这种说法就不公道了。为什么第一不该属于别人？为什么别人就不可以是年级前 10 名？为什么好名次一定要属于你呢？”我故意摆出辩论的架势。

“我认为我有潜力，是我没发挥出来……”

“那你凭什么就认为别人没有潜力了呢？你怎么就知道别人的潜力都发挥出来了呢？在别人为能否考上大学而担忧的时候，你为什么不为自己可以很顺利地走进大学而高兴，却跟自己过不去，没愁找愁呢？”

在他开始反思时，我告诉他，他的“病”不是别的，而是为自己“尖子生”的名分所累。他把自己看得与众不同，看成超人、高高在上的人，他自己编织了一个茧，把自己裹在里面，让心灵受着挤压，于是，生出那么多的担心、恐惧、烦恼。

“我是作茧自缚了？我该怎么办呢？”

“从束缚自己的‘尖子生’厚茧中钻出来，还自己一身的自由轻松。”我分析说，“人是该往高处走，是该志存高远，但人又应该时时守住平常心。因为大家都是平常人。当你把自己跟大家摆平后，你的所有的‘病’也就不治而愈了。”

“我需要的是扔掉‘尖子生’这个包袱，是吗？”

“那你就会轻装前进。”我们会意地笑了。

太阳身上的黑点不容易被看到，是因为它的光芒太耀眼；尖子生身上的缺点不容易被发现，是因为他们的学习成绩太突出。从上述案例中我们不难发现，学业的优异如果调适不当反而会成为滋生心理问题的温床。

在接下来的时间里，我跟小林约定了咨询时间，通过以下几种方法为他提供了系统的帮助：

（1）情绪宣泄法。当尖子生产生心理受挫时，教师应及时采取合理的方式，通过正常的途径和方法，让他们释放内心积压的受挫情绪，保持心理平衡，不钻“牛角尖”，不走极端，引导他们“做情绪的主人，不做情绪的奴隶”。比如，可以通过交谈倾听，以及借助活动将因紧张情绪所积累的能量排遣出去。

（2）迁移法。采用注意力转移法，把受挫的尖子生的注意力转移到别的活动上，暂时避开挫折情境。比如，让其回忆一些愉快的事，或听听音乐、打打球、散散步等。

（3）心理咨询法。通过心理咨询，尖子生的内心冲突和苦恼可以得到分析、研究、劝解、安慰、鼓励，使其情绪压力得以减轻，并且改变其认识问题的方法。用新的、正常的经验代替旧的、反常的经验，可以帮助他们摆脱矛盾，恢复心理平衡，并帮助他们在思想、学习、生活等方面取得更大的发展和成就。

四、辅导效果与反思

（一）辅导效果

经过3次咨询，小林的情绪得到了改善。良好的心理状态帮助他在高三备考期间提高了学习效率和专注度，减少了因心理压力导致的发挥失常，从而进一步提高了学业成绩。最后他以优异的成绩考入了一所“985工程”院校的计算机系。

（二）辅导反思

长期以来，一谈到孩子的心理健康问题，大多数人首先联想到的是那些学习成绩差的后进生，却忽视了那些学习成绩优异的尖子生，好像他们学习好，就与心理健康问题无缘，正所谓“一俊遮百丑”。我们忽视了这些成长在掌声和鲜花中的尖子生的心理问题。尖子生往往成了教师身旁的一枚“不定时炸弹”。有关专家通过一项针对尖子生的心理测试发现，有超过40%的尖子生有这样那样的心理问题，专家将这些问题统称为“尖子生心理综合征”。

想要对尖子生进行教育，必须走进他们的心理世界，对他们施加有目的、有计划的心理教育，教育他们保持一颗平常心，让他们通过与班上的同学平等相处，感受同学们身上值得自己学习的优良品德，让他们在为同学服务的过程中体验一种奉献的幸福，让他们面对分数和荣誉时学会淡然处之、互相谦让，以培养自己豁达而淡泊的心境。

每个尖子生都有独特的心理特点和需求，不能一概而论，要提供精准的个性化辅导策略。

开展家校协同共育，促进任课老师、班主任与家长沟通协作，在时间、人力、物力上进行合理分配和充分利用。

咨询后要对尖子生后续心理状态进行持续的关注和跟进，以确保辅导效果的持久性。

一例高中生抑郁性神经症的案例报告

孙治英

一、来访者基本情况

（一）来访者情况分析

本案例求助者庄某（化名），系新高一年级女学生，主要症状为：情绪低落，悲哀、难过、对事情不感兴趣，对自己的前途、命运感到悲观。除情绪上的低迷、观念上的悲观、态度上的消极以外，她的各种生理功能也出现了异常，如看见原来特别爱吃的饭菜，就是不想吃，觉得胃口不好，晚上睡眠不好，每天深夜 12 点以后才能入睡，2 点多钟就会醒来，反复睡不着，到 5 点左右才能睡一会。入学以来，她表现出惧怕来学校，惧怕看见新老师、新同学，经常一个人坐在角落里发呆，大脑一片空白，常常觉得对生活失去兴趣，甚至想到了自杀。这些症状出于求助者内心，但不是其自愿产生的，是她不愿意想的。庄某明知其不合理，但不能摆脱，让她感到痛苦。

我通过 2 次咨询，根据她的症状，对她进行了 SCL–90、抑郁自评量表、焦虑自评量表的测试。庄某 SCL–90 测量的总分为 343 分，每项因子分数均超过 2 分，其中抑郁高达 4.54 分。抑郁自评量表标准分为 65，高出正常上限参考值 12 分，为中度抑郁。庄某焦虑自评量表粗分为 61 分，高出正常上限参考值 11 分，标准分为 76 分，为重度焦虑。按许又新教授对神经症的定义，本案可以诊断为抑郁性神经症。因抑郁性神经症已超出了学校心理咨询的范畴，我及时联系该求助者的家人，与她一同到专科医院心理科做了转介处理。

（二）咨询师观察

1. 一般印象

庄某年貌相符，穿着朴素，面容憔悴，由学校班主任老师带来咨询。

2. 精神状态

情绪低落、抑郁、自卑、兴趣明显下降，对未来无信心，不知怎么办。怕考试、怕年级排名，怕学习不好，无法向父母交代。好朋友不理她，似乎生活的支柱倒了。精神恍惚，学习效率低，不愿上课，有过自杀念头，想到父母对她多年养育而未行动。愿意接受治疗，咨询中语音低，有气无力，眼光回避与咨询师交流，愿意倾诉心中的苦恼和痛苦，对未来、事业及人生的意义缺乏深刻理解和认识。

3. 社会功能

不能胜任高中学习，尤其怕学物理和化学，注意力不集中，反应迟缓，不愿上课和参加任何活动，孤独无朋友，不愿意和新同学主动交往。学习及未来没有计划和目标。

4. 躯体状况

面色苍白憔悴，睡眠不佳，全身疲倦无力，缺乏精力。

二、来访者自述

上小学时我学习成绩一直优异，与老师和同学都没有什么矛盾，成长过程较平稳。小升初后，由于结交了一群“坏孩子”，我们在一起经常抽烟、喝酒、谈恋爱，在老师、同学的心目中，我是一个“坏女孩”。母亲为了教育我，打过我、骂过我，甚至用菜刀架在脖子上以自杀相威胁，希望我能改好。初一下半学期，我结交的那些朋友集体离家出走，我当时要给家里看雪糕摊没有走成，离家出走的那几个学生父母误解我，以为我知道那几个学生去了什么地方而没有告诉他们，粗暴地扯我、拽我。被找回来的学生误以为是我告的密，都不理我。从那以后，我觉得同学之间的友谊经不住时间的考验，什么友谊、朋友都是虚假的东西，不堪一击。因此我就不愿意结交朋友，不愿意主动与人交往，把所有的时间、精力都放在学习上，经过初二一学年的学习，成绩上升得很快，在全校排前20名，改变了老师、同学心目中“坏女孩”的印象，我和母亲的关系也变得融洽了。上初三后，我的学校一周上6天课，每天都要上到晚上10点左右。为了提高学校的升学率，经过老师的推荐，我参加了学校给全年级前25名学生安排的补课班，周日补课补到晚上10点多，周一至周日基本上没有休息的时间。我虽然厌烦，但迫于中考的压力，还是勉强坚持下来了。自那以后，我非常害怕星期一上学，不知道暗无天日的生活何时是个头，上课出现了注意力不集中、听不进老师在讲些什么的情况。由于学习成绩下滑得很快，班主任没有了解我的真实情况就将我母亲找来当面训斥我，使我感到精神疲惫、情绪低落。体育课上，因长跑成绩很差，我受到过同学的嘲笑，惧怕上体育课、不愿意主动与人交往。这样的状态持续到中考结束。

随着到新学校报到的日子日益临近，我越来越紧张焦虑。我认为自己考的分数是瞎猫碰上死耗子、撞大运撞来的，而不是自己的真实实力。我害怕上课、害怕考试，对前途悲观，自我评价很低，情绪低落，悲哀、难过，对事情不感兴趣，对自己的前途、命运感到悲观。除了情绪上的低迷、观念上的悲观、态度上的消极，我的各种生理功能也出现了异常，如看见原来特别爱吃的饭菜，就是不想吃，觉得胃口不好，晚上睡眠不好，每天深夜12点以后才能入睡，2点多钟就会醒来，反复睡不着，到5点左右才能睡一会。入学以来，我害怕来学校，害怕见老师、同学，经常一个人坐在角落里发呆，大脑一片空白。我常常觉得对生活失去兴趣，甚至想到了自杀。新学期刚开学第一天，我就要求回家，班主任下课及时找我谈心。班主任怀疑我有心理障碍，遂带我来心理健康教育中心面询。

三、辅导过程

（一）主要问题

（1）情绪障碍：持续的情绪低落，感到悲伤、绝望、无助，缺乏愉悦感和兴趣，对生活失去热情。

（2）认知偏差：容易产生消极的自我评价和对未来的悲观预期，存在自责等不合理的思维模式。

（3）生理症状：失眠、食欲减退、疲劳，上课注意力不集中、记忆力下降。

（4）社交退缩：对社交活动失去兴趣，回避与他人交往，导致人际关系疏远。

（5）动力缺乏：缺乏做事的动力和积极性，日常活动减少，学习效率低。

（6）自我价值感低：觉得自己毫无价值，甚至认为自己是他人的负担，觉得活着没有意义，有自杀倾向。

（7）焦虑状态：常伴有焦虑不安、紧张、恐惧情绪。

（二）家庭结构分析

1. 家庭成员及家庭情况

父亲：工人。父亲以外出给孩子挣钱为由，吃住在外面，每个星期回家一次。

母亲：家庭妇女，靠卖雪糕挣一些生活费，维持家庭的生计和求助者学业。

弟弟：初中生，学习成绩优秀，姐弟俩关系较好，无利害冲突。

来访者作为家中长女，从远郊区考入市里高中。来访者第一次离开家门，不适应集体生活，非常想家，刚来第一天就反应强烈。由其父亲接回家休息了一个星期，回来后情况还是不佳。其某亲属有精神分裂症病史。

2. 家庭教育情况

父母虽然文化水平不高，但对其要求非常严格，期望值很高，非常看重来访者的考试分数。来访者认为父母把考试分数看得比她的命还重要。上高中后，父亲希望来访者好好学习，将来就算不能考上清华、北大，也要考一个重点大学，而对来访者出现的心理问题偶尔过问，但态度粗暴，总是发火，继而又撒手不管，由母亲处理。母亲认为，教育孩子就是多关心她的生活，回家后尽可能给孩子做好吃的，其他方面很少过问。

（三）设定目标

1. 心理测试结果与分析

（1）90 项症状清单（SCL–90）。

对照 SCL–90 国内常模（儿童）：每个因子分在 1.69 分以下者为正常，在 1.70 分以上者为心理健康有问题，在 2 分以上者为心理症状中度以上，有

3 个因子分在 2 分以上者为心理健康问题较严重；其 F2（强迫症状）：3.31，F4（抑郁）：4.54，F5（焦虑）：4.08，F7（恐惧）：2.12，即共有 4 个因子分在 2 分以上，已构成心理障碍。其中“抑郁、焦虑”因子分已超过 3 分，据此可做出“抑郁”的诊断，判断其需接受心理治疗。

（2）抑郁自评量表（SDS）。

将 20 个项目的各个得分相加，即得总粗分。总粗分的正常上限参考值为 41 分，标准分等于总粗分乘 1.25 后的整数部分。分值越小越好。标准分正常上限参考值为 53 分。标准分 53—62 为轻度抑郁，63—72 为中度抑郁，72 分以上为重度抑郁。在抑郁自评量表测试中，庄某标准分为 65 分，高出正常上限参考值 12 分，为中度抑郁。

（3）焦虑自评量表（SAS）。

把各题得分相加为粗分，粗分乘以 1.25，四舍五入取整数即得到标准分，分值越小越好，临界值（T 分）为 50，分值越高，焦虑倾向越明显。其中 50—59 分为轻度焦虑，60—69 分为中度焦虑，70 分以上为重度焦虑。庄某粗分 61 分，高出临界值 11 分，标准分 76 分，为重度焦虑。

2. 心理诊断

（1）对心理状态的评估：根据所收集临床资料，该求助者在情绪方面，长期情绪低落，在痛苦绝望中，时常有借自杀以解除痛苦的念头；丧失原来生活中的兴趣，对原来喜欢的唱歌、听音乐、学习均失去了兴趣。在认知方面，陷入极度的自卑，对自己的未来感到迷茫。在动机方面，对所有事情都丧失了主动的意愿，不愿意主动与人交往、不愿意主动适应新的环境，不愿意适应高中的学习方法，处于极度孤独中，甚至可以独自枯坐数小时不动。在生理方面，睡眠失常，四肢无力，易疲劳、无食欲。

（2）对该求助者的诊断：抑郁状态。

（3）诊断依据：根据《中国精神障碍分类与诊断标准第 3 版（CCMD-3）》和许又新教授关于从病程、精神痛苦程度、社会功能三方面诊断神经症的要求，该案例病程超过 1 年（从读初三开始），求助者无法集中精力正常学习，使自己陷入焦虑和痛苦之中，为此感到非常苦恼。因此，本例求助者属于心理障碍。求助者已不能上学，一提上学就紧张，社会功能已严重受损。按神经症的评分标准，本例求助者的症状应该大于 6 分，所以符合抑郁性神经症的诊断标准。

（4）鉴别诊断。

①病人无既往的双相发作史，有明显的心理社会因素诱因，以鉴别于内源性抑郁症。

②无思维障碍、幻想、妄想等症状及自知力完整，以鉴别精神分裂症。

（四）行动方案

因来访者抑郁状态很重，已超出了学校心理咨询工作的范围，作为学校的心理咨询师，我的首要任务就是及时联系家人，与来访者一同到专科医院心理科做了转介处理。由北京第六医院心理科医生采用抗抑郁药物来控制求助者的焦虑、改善睡眠，从而缓解其抑郁状态。我在求助者在学校上课期间，配合专科医院的心理医生，共同完成了咨询。

（1）建立良好的咨询关系，促进其改变的动机。

（2）确定问题：情绪问题有抑郁、焦虑，适应性问题有学习困难、害怕考试、人际紧张、社会退缩。

（3）商讨咨询目标。

①认知疗法：识别、评价负性自动思维，以纠正歪曲的认知，矫正核心信念，消除抑郁情绪。

②重新建立自信、自尊：建立积极的自我认知和自我意向，共同探讨未来及人生的意义，建立新的人际关系及生活态度。

③增进适应性训练：改进学习方法，自信心训练，社交技能训练，发展良好的人际关系，调整生理功能。

④巩固新的认知，建立个人发展目标。

（4）评估。

（5）巩固与结束。

（五）介入措施

1. 建立良好的咨询关系及治疗联盟

来访者治疗动机明确，但期望模糊，要给予适当的安慰与支持，对她难过的心情表示同情，帮助她渡过难关。同时从调整认知的角度，帮助她去体会、了解事情并没有那么悲观，帮助她进行认知调整，使她从黑暗中寻找希望，对未来保持正确的态度，帮助她运用自己的能力去应对困难，发挥支持性辅导的功效。

2. 告知关于心理咨询的作用、意义及局限性

这可以让双方明确在咨询中应当承担的责任和义务。应特别强调来访者的自助与自我改变，二者是共同参与的关系，咨询也不是无所不能的。认知疗法次数较多（10—20 次），需与来访者签订治疗协议，密切配合，认真完成家庭作业。每周 1 次，每次 40 分钟。告知求助者，学校心理咨询不收取学生任何费用。

3. 确定其主要问题

抑郁性神经症的临床表现是其主要问题，注意评估来访者的自杀想法，以便及时干预。

4. 进入咨询后开始商讨咨询目标

具体目标：改善和调整生理功能，解决失眠问题，矫正不良认知及负性自动思维，改善、疏导抑郁、焦虑情绪，矫正不良适应行为，促进社会适应。

近期目标：建立良好咨询关系，鼓励来访者宣泄不良情绪，加强咨询动机。鼓励来访者多活动，加强适应性训练，说明认知疗法原理，签订治疗协议。

远期目标：识别、评价负性自动思维，矫正核心信念，消除抑郁情绪，建立新的适应性行为。

发展目标：建立新的核心信念，巩固新的认知，建立个人发展目标，促进人格进一步成熟。

5. 以认知疗法矫正来访者的核心信念

（1）对来访者的问题加以整理，评估认知疗法的适合程度，说明认知疗法的原理。认知心理学认为，认知过程是行为和情感的中介，人的情绪如何与其想法和认知有关。情绪障碍和负性认知互相影响，互相加强，这种恶性循环是情绪障碍得以延续的原因，打破循环就成为治疗的关键。来访者由于在较长时间内存在的抑郁情绪，导致学习效率下降，加之学习方法不当，又不愿寻求帮助，以致考试失败。地域文化的差异、人际关系紧张均是来访者抑郁发作的诱因，只有通过纠正错误歪曲的认知，才能彻底改善其不良情绪，使其不良行为得到矫正，能够更好地适应环境。

（2）实施治疗前的准备工作。抑郁性神经症病人自信心降低、自卑，常

常行动受阻，因此首先鼓励来访者参与活动。通过活动安排表增加活动，有利于来访者感觉好转，减少疲劳感，改善思考能力，打破恶性循环，也能帮助其了解行为、情绪和认知的关系。

（3）通过采用 A—B—C 序列方法探查识别病人的负性自动思维，通过认知治疗日记等家庭作业判断、发展来访者的识别能力，即当来访者描述自己情绪抑郁时，请她说明不好的情境，然后询问其感觉不好时其头脑内的想法和想象。

（4）检验负性自动思维。通过言语盘问法和行为实验检验负性自动思维。通过三栏作业（自动想法，认知曲解类型，合理想法）帮助来访者寻找合理的替代想法，并以同样的方法识别和矫正来访者的核心信念。

（5）加强适应性的行为训练，充分挖掘个人及社会资源。充分调动学校资源开展人际交往技能的训练，让来访者主动发起由少到多的社交活动，建立良好的人际环境，加强学习方法的改进，积极寻找辅导老师和同学，实施自信心训练。注意通过每日活动安排表，让来访者安排好生活。

（6）疗效评估。来访者自我评估，情绪状况好转，学习效率提高，顺利通过了考试，和同学建立了良好的人际关系，能够适应高中的住宿生活。

（7）咨询结束。

四、辅导效果与反思

（一）辅导效果

（1）自我报告：睡眠比以前好，能够看书、学习（尽管效率不是很高），能够上学，社会功能恢复。

（2）心理测试：SCL–90 测试中，抑郁因子分 2.5，焦虑因子分 1.8，虽然还有一些轻度抑郁，但考试焦虑已经缓解。

（3）社会功能改善：已恢复正常学习生活，与同学交往正常，制订学习计划，开始学习。

（4）咨询员：认为求助者在情绪、认知（对疾病及对事物的看法）、人际交往和社会适应方面有明显进步，达到了咨询目标。

（二）辅导反思

（1）应时刻觉察是否真正建立了与来访者的信任关系。信任是辅导能够有效开展的基石。

（2）注意判断辅导目标的设定是否合理且具有可操作性。

（3）充分调动来访者自身的资源和力量，帮助来访者发掘自身的优势和潜力，增强其自我疗愈的能力至关重要。

（4）不断加强自身专业素养和知识储备，不断学习，更新知识，以提供更有效的辅导。

（5）应促进家校协同共育，让双方发挥各自优势，共同关注来访者在辅导期间的症状改善，预防复发。

用爱点亮希望之光，助力学生蜕变成长

周成良

一、来访者基本情况

小涛（化名），男生，16岁，个子很高，喜欢打篮球和玩电子游戏机，和同学关系挺好，也能积极参加学校组织的各项活动，就是不能谈学习。任课老师反映，该生除了学习，其他各方面表现还不错。小涛的父母在家待业，靠政府低保生活。他的父亲脾气暴躁，经常对妻子和他进行打骂。在青春期成长的过程中，他几乎没有感受过家庭的温暖，也缺乏对父母和社会的信任与感恩。小涛经常为学习资料费用发愁。看到其他同学拥有丰富的学习资源和良好的学习环境，而自己要为基本的学习条件担忧，逐渐产生了自卑心理，觉得自己再怎么努力也无法赶上其他同学，于是他对学习失去了兴趣和动力，开始厌学。小涛同学因为家庭的原因性格较为内向，对学习缺乏热情，对未来没有期待，上课不认真听讲，总是趴着睡觉，作业不交，被任课老师逼急了，他就借同学的作业抄抄答案。一个学期下来，成绩在年级垫底。小涛的学习状况引起了我的注意，赶上年级实行教师导师制，我把他选为我的辅导对象，开展了一个学期的辅导救助工作。

二、来访者自述

因为家庭原因，我不能像其他孩子一样过无忧无虑的生活。小学时，除了学习我还要担负起照顾父母的责任，做饭、洗衣服等。小学、初中凭着小聪明，我的学习成绩还比较好，中考以531分考入咱们学校。上了高中以来，我好像是刘姥姥进大观园，什么东西对我来说都是新鲜的，如开学初上机录入个人信息，怎么开机、怎么打字我一概不会。看见其他同学都能灵活操作，我非常自卑。数理化学科与初中相比难度陡增，这些学科的课程我都听不太懂，第一次月考就不及格，越听越不感兴趣，一听讲就觉得烦躁，总是想趴着睡觉。很多任课老师都找我沟通，做思想工作，但他们都只是讲讲大道理，我只能表面答应，但不想改变。后来挨批评多了，我就想了个办法，上课时特别积极地回答问题，但都是答非所问，弄得老师和同学们都烦了，宁愿我趴着睡觉不出声，所以我就能心满意足地趴在课桌上了。作业我也不想写，为了完成任务，我总是借同学的作业，抄抄答案。我跟同学关系还行。我喜欢打篮球，课余时间几乎都待在篮球场上。为了跟同学们有共同语言，有一段时间，我迷恋用手机玩网络游戏，晚上玩到很晚。宿管老师发现后也是多次批评，但对我也是没有办法。我觉得这样混个高中毕业，就出去打工，这辈子也就这样了……

三、辅导过程

（一）主要问题

（1）由于父母给不了他像样的学习环境，导致他过度担忧家庭的经济状况，无法全身心投入学习，学习基础薄弱。

（2）父母对孩子的期望值过高，期望他能够通过知识改变自己的命运，改变家庭的命运。这给小涛带来了过大的心理负担。

（3）该生上高中后，面对各个学校来的佼佼者，产生了明显的自卑感，觉得自己不如他人，从而对学习失去信心。

（4）在学习和生活中，他缺乏来自老师、同学和家庭的有效支持与及时鼓励，感到孤立无援。

（5）由于基础薄弱或学习方法不当，他在学习上遇到较多困难，多次受挫后，产生了厌学情绪。

（二）家庭结构分析

来访者的父母都是残疾人，没有生活自理能力，在家待业，靠政府低保生活。由于文化水平低，他们无法给予来访者足够的学习关注和指导。父亲脾气暴躁，经常与妻子和来访者争吵，家庭关系紧张，给来访者带来了极大的心理压力和焦虑，使其无法安心学习。平时洗衣、做饭都是来访者在做。父母希望孩子上了高中后，能够好好学习，通过知识改变家里贫困的现状，给来访者带来了很大的心理负担。

（三）设定目标

（1）心理调适：帮助小涛正确认识贫困，减少因贫困带来的自卑和焦虑情绪，每周进行一次心理辅导，引导小涛发现自身的优点和潜力，至少让小涛能列举出自己的3个优点。

（2）学习兴趣激发：跟小涛一起制订个性化的学习计划，使其能明确每周的学习目标和任务。帮助小涛在某一学科中找到学习的兴趣点，让小涛对该学科产生兴趣。

（3）学习习惯培养：给小涛讲高中的学习方法，让小涛掌握有效的预习和复习方法，和小涛约定，每周检查其预习和复习的情况。培养小涛按时完成作业的习惯，减少作业拖延和抄袭现象的发生。

（4）家庭沟通改善：安排一次家访，与家长沟通学生的情况，共同制定帮助小涛的策略，鼓励小涛每周至少与家长进行一次分享，聊在学校的一件事。

（四）行动方案

（1）深入了解学生的家庭背景、学习情况、兴趣爱好，心理状态，建立详细的学生档案。

（2）与家长进行充分沟通，争取家长的支持与配合。

（3）定期对小涛进行一对一的心理辅导，帮助他释放内心压力，解决心理问题。

（4）根据小涛的学习情况，制订个性化的学习计划，明确学习目标和任务。定期为小涛进行课后辅导，解答学习中的疑问。

（5）给他提供学习参考书籍和必要的学习用具和生活用品。

（6）发现小涛的特长，鼓励他积极参加相关活动，增强他的自信心。

（五）介入措施

1. 谈话

看到小涛几乎完全放弃了学习，我意识到了问题的严重性。我决定和他来一次深入的、直击心灵的谈话，并为此精心准备。第一，讲人的价值。列举古今中外名人的故事，我背诵了毛主席年轻时写的诗词：“孩儿立志出乡关，学不成名誓不还。埋骨何须桑梓地，人生无处不青山。”第二，讲宏志学长的事迹。往届的某位学长父母虽然靠捡拾垃圾为生，但他不卑不亢，勤奋学习，亲近老师，志存高远，高考后被澳门理工大学录取，并取得了全额奖学金，后去美国深造，回国创业。第三，讲校规校纪，谈纪律与自由的关系。纪律与自由就像铁轨与火车，铁轨看似限制了火车的行驶方向，但正是因为有了铁轨的规范，火车才能顺利地到达目的地，实现自由驰骋的目的。又如同风筝线与风筝，正是因为有了风筝线的牵引，风筝才能在天空中稳定地飞翔。谈话期间，我瞥了一眼他的面部表情，他仿佛受到一些触动，但又夹杂着一丝不屑。他似乎认可了我的说法，只是他后来的言行并没有多大改观。

2. 家访

谈话并不是很成功，我的内心有些挫败感，不得不冷静下来仔细思考。或许他早已厌倦了这些所谓的道理，可又是什么让他变得如此消极？是什么让他变得“与世隔绝”？是什么让他不信任我们这些大人了呢？也许我应该抛弃内心的优越感和高高在上的道德说教了，那些看似正确的话语，却未必能进入一个人的心灵，还是应该更加全面和深入地了解这个学生，“知己知彼，百战不殆。”我想还是先进行一次家访吧。

我自驾百余公里，来到孩子家里。推开家门，略显破败的居住环境让人有些不适，沉重压抑的气氛让人产生一种想要逃跑的感觉。这次家访带给我很大的触动。他的父母在家待业，靠政府低保生活。孩子的父亲脾气暴躁，经常对妻子和孩子进行打骂。孩子几乎就没有感受过家庭的温暖，也缺乏对父母和社会的信任与感恩。我想，孩子还没走到社会的边缘已属万幸了。

3. 用需求理论，发挥其特长

从此以后，我从内心对这个学生多了一份怜惜之情，对他也更加接纳与包容了。我对他加强了观察，希望能更多地发现他的优点。我觉得，作为一个社会个体，他也有人际互动的需求。学习了社会心理学家舒茨的人际需要三维理论，我了解到人的 3 种基本需求，也就是包容需求、支配需求和情感需求。我希望能发挥他的特长，让他融入班集体，体会个人努力与集体荣誉带来的满足。

他喜欢打篮球，平时训练刻苦，而且能很好地与队友配合，有很强的合作意识。学校要举行“宏志杯”篮球赛，我感觉到时机正悄悄到来。但我并没有直接鼓励他准备比赛，而是找到一个他犯错的时机，狠狠批评了他，并且警告他：“上课再睡觉，‘宏志杯’就不让你上了。”我不能迁就他，我得让他知道机会是要靠自己争取的。美国心理学家戴维·麦克利兰提出的成就需要理论指出，有成就需要的人对胜任和成功有强烈的要求。我觉得篮球可能是他体会成功和个人魅力的唯一机会。他一定很想参加比赛，也以为自己肯定能上，因为他的篮球技术在班里算是最好的了。他没想到我这么强硬。为了争取参加比赛的机会，他还是下了决心。此后的一段时间，不管上课怎么想趴着，他还是坚持坐起来听讲。虽然作业还是写得不好或者写不完，但是字里行间能看出他思考的痕迹。我偶尔也表扬他。在他坚持不住的时候，我也会很严厉地批评他。与此同时，在学习与生活上我也给了他很多关心。有一次他因为打球回班晚了，没赶上吃午饭，我没过多地批评他，而是把他带到食堂，给他点了一份饭菜。我看到他的学习用具很少，借一次表扬的机会给他买了很多学习用具当奖品。作业写得不好，我几乎每天都把他叫到办公室给他讲解……

经过激烈的角逐，我班获得篮球赛亚军，是不错的成绩了。他很高兴，对自己的表现也很满意。我在班里开了一个小班会，总结了比赛的过程和队员的表现，对他在场上的表现也大加赞扬。我想，这个时刻他终于感受到了集体荣誉感和个人的存在感。正如成就需要理论所指出的，篮球赛的成绩暂时满足了他对成功的强烈需求。但是，我深切地感到，这对于改变他的学习和生活才是一个起点。

4. 组建学习互助小组，互帮互助

成功的荣誉还在，但接下来的路更加艰难。学习成绩的提高不是一蹴而就的。在接下来的月考中，他感受到了失败和艰难。他似乎想退却，上课也有些没精打采了。我知道真正的挑战这才开始。从哪里跌倒，就从哪里爬起来，必须让他看到学习的效果。我们促膝长谈并制订了一系列的学习计划。

（1）对学习目标做了明确细致的设定。课堂发言次数每节课至少 2 次，作业自我完成率至少 60%。在三周内，掌握化学元素周期表前 20 个元素的性质。在一个月内，理解物理的牛顿三大定律并能正确应用。在两个月内，英语单词记忆量增加 200 个。在一学期内，语文阅读理解的正确率提升 10%……

（2）强化了对几个重要的学习习惯的要求。首先，制订个人学习计划，合理分配时间，并在执行中不断调整、完善。其次，学会自主查找学习资料，解决学习中遇到的问题。再次，及时完成作业，减少拖延现象。最后，设定每周、每月的复习改错的时间和内容，养成定期复习的习惯。

（3）组建三人学习小组，相互监督落实，互帮互助。我挑选了这样一个同学，他成绩优秀，开朗大方，乐于助人，也是班干部，跟老师关系融洽，能帮助小涛及时解决一些学习和生活中出现的小问题，对小涛可能出现的懈怠和拖沓的状态，能及时提醒和督促，并能跟老师及时沟通学习小组的情况，商议和研讨相应的学习方案。我还挑选了一位同学，他成绩与小涛接近，在学习中可能会遇到与小涛相似的问题与困难，能够减少其孤单感和自卑感，并能与小涛共同学习，共同成长。学习小组也设定了研讨计划，确定了讨论规则，确保每个成员都能积极参与并提出有价值的观点。

5. 答疑辅导

我在课余时间也尽力为小涛提供有效的答疑辅导。我们会提前约定时间，比如大课间、午休后的一段时间，以及下午放学后的一小时等，展开辅导。我会要求他提前准备好要问的问题，整理好提纲，带齐相关资料，做好充分的准备，以提高辅导的效率。我会耐心倾听小涛的问题，了解他的思维过程和思维特点，然后有针对性地进行引导和解答，详细地剖析，通过举例、练习等方式帮助他准确理解知识、掌握学科方法。

有时候，其他同学来问问题时，我也拉着小涛，询问他的想法，鼓励他勇敢发言，表扬他好的想法。几次以后，小涛也能自信从容地表达自己的思路了。

上课时间我也加强了对他的关注和联系。上课时，我与他多了很多眼神交流，多给他提问的机会。上课前，我也经常提前进班，询问他上节课有没有什么疑问，或者刚下课的时候，我把他叫到讲台跟前，问问他今天的课都听懂了没。

我能看到他学习更加主动了，思考问题更加深入了。

四、辅导效果与反思

（一）辅导效果

功夫不负有心人，我看到了他早出晚归的身影，看到了他对班级、对学习认真负责的态度，看到了他一点点的进步。在期末考试中，虽然他的总成绩只是中等，却被年级评选为进步最突出的学生。他到办公室来找我，对我说了句："老师，谢谢您，是您让我重新开始了我的人生。"

（二）辅导反思

教育首先是一个宽容和接纳的过程。有了接纳，就有了关注、欣赏，就能从学生的视角理解他们的行为。每一朵枯萎的花都很可能是因为缺少水分或阳光。老师要努力走进学生的内心，推开心底那扇门，与学生在情感上达到步调一致、同频共振，并一起努力，一起成长。

教育学生还要抓住契机。班级管理工作中每天都会遇到很多琐事，我们不能让自己淹没于其中，疲于奔命。细心地观察，认真地思考，抓住关键时机，在适当的场合开展对学生的教育，往往能达到事半功倍的效果。

教育是一个长期、反复的过程，要求教师保持足够的耐心，把握教育的节奏，同时做到宽严有度，就能顺利地推动学生成长、进步。

教育还需要家校的紧密合作。无论是家长会、家访，还是平日的电话、短信息，教师可以从家长那里了解学生的家庭背景和个性特点，更好地因材施教，提高教育的针对性和有效性。教师可以为家长提供教育指导和建议。教师和家长共同关注学生的学习、生活和心理健康，及时发现问题并采取措施，为学生提供更全面的教育支持，有助于学生的全面发展。

赞美式教育在重塑学生自信中的应用

吕华山

一、来访者基本情况

高一军训期间，作为班主任，我逐一与新生谈心，进行口头问卷调查。在谈心过程中，小童（化名）同学走进了我的视线。他特别自卑，与人聊天时总是低头且目光闪烁，他经常说："老师，我就是个学渣，脑子笨、又不努力，学习很差，长得又黑，也没什么朋友，初中几乎没有得到过表扬。"作为新生，他不善交谈，也不善交朋友，无论做什么都是一个人。军训期间，他是班里唯一的"顺拐"，无论教官怎么纠正，都无济于事，这又加重了他的自卑。他总是形单影只，休息时，一个人默默地低头坐在操场角落里，用手抠地。为了更加全面地找出小童自卑的原因，我多次与小童家长进行沟通。小童妈妈觉得弟弟尚小，没精力顾及小童的学习，爸爸是医生，工作很忙。家长认为小童不够聪明是学习吃力的主要原因。他们觉得这个孩子性格很倔强，办事效率很低，从小学习成绩不好，什么都学不会，家里对小童基本不抱希望，父母都觉得小童能够考上高中就是万幸，高中能够毕业就很好了。妈妈提出，他只要不影响别人，就不用管他了，建议不要花精力在这孩子身上，就当他不存在就行。

二、来访者自述

初中阶段我学习起来很吃力，需要记和背的东西，我总是记不住，而需要理解的科目，如数理化，也总是理解不了，稍微难一点的题就不会了。我脑子很笨，不像我弟弟那样聪明可爱。我爸爸工作那么忙，妈妈工作之余还要照顾弟弟，我觉得我就是他们的累赘，所以初中开始，我就搬到我家一套小房子里了，每周末回去跟他们团聚。我会照顾好自己，这样也不会给父母增加麻烦，他们看不到我，也不会有那么多的烦恼。我爸爸那么优秀，我觉得自己很差劲，希望我弟弟能成为父母的骄傲。我勉强考上普通高中，对于3年之后的高考，更是没抱希望，我感觉自己高中能毕业就万幸了。

三、辅导过程

自卑心理在高中生中并不罕见，其背后的原因是多方面的。经过几次沟通，我对本案做出分析，列出了目前为止发现的主要问题等。

（一）主要问题

（1）小童对自己能力的低估和对外界评价的过度敏感。

（2）小童没养成好的学习习惯，没有好的学习方法，造成对知识一知半解，学习效率低。

（3）家里有了可爱的弟弟后，父母没有关爱、理解或者耐心引导处于青春期的小童，造成孩子在家里没有存在感。

（二）家庭结构分析

家庭作为一个系统单位，它的整体功能运行如何，常常取决于其结构的正常或者健康与否。在多个孩子的家庭中，父母常常与不同的孩子形成不同的“联盟”，这种情况，对于孩子的心理成长非常不利。因此，要通过多层次的家庭介入，改善家庭结构，引导小童父母多多关注孩子的优点，给予孩子肯定，从而解决小童的问题。

（三）设定目标

（1）在学习、生活、交友等多方面帮助小童找到存在感、成就感，重塑信心。

（2）引导家长与孩子建立良好的亲子关系，让孩子感受到自己在家庭中的重要性。

（四）行动方案

（1）让小童明白，成绩不好，主要是在学习上没有找到好的方法，要多采纳别人的建议，多多发现自己的闪光点。

（2）帮助小童在新的班集体交上朋友。

（3）建议小童搬回去和父母一起住，生活上相互照应，多与父母沟通。

（4）让小童父母明白每个人都有自己独特的品质和才能，而这些特点也需要得到认可和尊重。

（5）建议家长每天给孩子一个拥抱，一个就事论事的表扬。

综上所述，高中生的自卑心理可能来源于多个方面，包括学业、社交、家庭、身体形象和性格等。为了帮助学生克服自卑心理，家长和老师需要关注他们的心理需求，为他们提供支持和鼓励，帮助他们建立自信心和积极的心态。让学生了解自卑心理的危害，并学会调整自己的心态。

（五）介入措施

丘吉尔说过，你要别人具有怎样的优点，你就要怎样地去赞美他。对于小童这样的孩子，赞美是自信的催化剂。学生的自信心，对于他们的成长与发展至关重要。我始终认为，教育学生应该以鼓励、赞美为主。赞美式教育并不是传统意义上的一味地表扬，而是就事论事地、发自内心地去认可、赞美孩子。

1. 多发现孩子的优点

我通过一段时间的观察，发现小童很善良，也很敏感，课堂纪律非常好，但总是什么都听不懂，也不爱记笔记。因此，中午小童帮助别人擦黑板时，我抓住机会表扬："小童是个特别善良、乐于助人的孩子，而且上课认真听讲，不懂的就记下来或者标注在课本上，可见学习有方法，做事有温度。"下午，小童上课时就开始记笔记、标知识点了，而当其他同学需要帮助时，小童总会第一个出现，对这些行为进行及时表扬，让小童在班级里有了很强的存在感，在公共场合发言、跟老师交流时也能抬起头，看着对方的眼睛了，走路抬头，做事自然大方，办公室也经常有他的身影。

2. 构建温暖和睦的班集体

如果班级像家一样温暖、和睦，让每个孩子都能有归属感，能有“高高兴兴上学来”的心情，大家将会多么愉悦，学习、生活也将不再是无趣的。

开学第一天，我告诉孩子们：“不管你的过去有多么辉煌或多么失落，那都已经过去，高中生活，对于所有人来说，都是新的起点，都是一张白纸。希望通过3年的努力，你们都能绘出灿烂、美丽的青春画卷。从今天开始，我有35个孩子了，这里有33个，家里有两个小的，在学校我就是大家的第一监护人，班级就是我们的家，希望我们的家越来越和睦、幸福、快乐。”后来，小童告诉我，听到这些，他没忍住，哭了。考虑到小童朋友少，为了让他尽快融入班集体，我为他介绍认识了一名性格比较活泼的同学，通过这位同学的帮助，小童的朋友慢慢多了起来。

3. 帮孩子找到适合自己的学习方法，养成好的学习习惯

为了让孩子们多交流、多沟通并形成好的学习习惯，我让他们互相讲题，讲方法、讲思路、讲体会。但小童很自卑，刚开始不会给别人讲题。所以，中午改错时，我先给小童讲了一道题，他觉得自己明白之后，我又让他给我讲了一遍，确保他真正弄懂后，我告诉小童，班里的学霸这道题也错了，你帮帮他吧。小童不敢，我一番鼓励后，他很忐忑但还是很认真地进行了讲解。学霸边听边点头，表示明白了，小童不放心地说：“你真的懂了吗？那你讲一遍，我听听。”确信没问题了，我竖起大拇指给小童点赞，他满面堆笑，说：“老师，我太高兴了，我喜欢同学们，我喜欢咱们班！”慢慢地，他养成了爱问、爱讲、爱讨论的习惯，慢慢增强自信，增加对学习的兴趣，与同学的友谊也增进了；同时，班级的成绩在慢慢进步，班级的凝聚力越来越强。

不久后的一天，小童看到任课老师和我沟通作业问题（期间任课老师也批评了小童，因为当天他没有交作业），主动找到了我，问：“老师，是不是任课老师批评我了？”我肯定地告诉他：“某某老师说你没交作业，但是她相信你一定是有原因的，老师相信你中午之前会补齐作业的。”同时我告诉小童，学习要有方法，写作业也要有效率，先把已会的写完，不会的可以做好标记，第二天跟同学讨论或者求助老师都行，但是一定要保证睡眠，如果时

间紧张，化学作业可以不写（我所教学科是化学）。得知小童的情况，班里好几个孩子来给他讲题，小童在中午补齐了作业。一段时间后，小童的作业总能准时上交，他眼里有了光，有了幸福感。小童自己也觉得学习上有了一些方法，生活中交了许多朋友。

4. 促成有深度的家校沟通

我与家长沟通，希望他们尽可能地多方面了解孩子，多发掘他的优点，鼓励他去发挥自己的长处。如果孩子能发现自己的价值和重要性，自然会更加自信和有信心地面对未来的挑战。生活中多用鼓励代替批评、说教，多认可和关心，激发孩子的潜力。我将孩子在校帮助同学，跟同学一起学习、一起思考的照片发给家长，希望家长每天给孩子一个拥抱，点一个赞，借助一件具体的事情表扬孩子。

5. 提高孩子对未来的期望值

培养学生的信心是一个长期而艰巨的过程，需要教育者和家长共同努力。只有通过不断鼓励、不断支持，让学生树立正确的人生观和价值观，才能真正培养出自信、自强的新一代人才。

一天放学后，我和小童一起走出校门，小童弱弱地问："老师，我好多同学都上了二中、五中（重点高中），您觉得通过 3 年的努力，我会追上他们吗？"我的答案是："肯定的，任何时候开始努力都不晚，将来的你一定会感谢现在努力的自己，事在人为，你这么努力、认真，我相信你一定行。"当晚，我买了本《等你在北大》送给小童，他很激动，但很认真地说："老师，我怎么会考上北大呢？您对我期望太高了！"我说："这上边有很多学霸的学习方法总结，对你一定有用。通过 3 年的努力，不管你考上什么学校，我都觉得你上了北大。"小童自信地点头："请老师相信我，我一定能行。"

小童思索了一个晚上，为了激励自己，希望我能在班上给他来个签售仪式，我当着全班同学的面，把这本书签上名字，送给他，希望他能借鉴书中学霸的学习方法。其他学生都很羡慕，希望我也能送给他们一本。古人云，书非借不能读也。我就要求学生传阅，谁看完了，就在我的名字后面写上名字和日期，激励大家共同学习。

作为班主任，我几乎每天都与孩子谈心，鼓励他多与别人沟通。军训第一天，我就注意到了缩在队列角落的小童。他永远垂着头，休息时也独自坐在树荫下，像团被揉皱的影子。当天傍晚，我特意留他在操场边聊天："今天站军姿很累吧？我看你一直咬牙坚持，特别有毅力！"小童猛地抬头，眼里闪过惊讶，小声说："我怕拖班级后腿，走正步总是……"于是第二天军训时我就找了班里一个特别开朗的孩子小李教小童练习正步。小童特别刻苦，大家休息时，他一个人在角落里练习，小李看到后也去陪伴小童，两人很快成为朋友，小童的"顺拐"得到了纠正。军训结束时，小童已经能和室友打闹着整理内务，甚至主动帮教官统计训练成绩。最后一天，他塞给我一张画：画面上戴着迷彩帽的男孩站在队伍中央，周围环绕着同学们伸出的友谊之手，右下角写着："谢谢老师，让我找到了光。"这场持续十几天的"每日谈心"，终于让曾经的"小透明"，在集体中找到了属于自己的位置。

四、辅导效果与反思

（一）辅导效果

现在的小童已经是一个走路抬头、眼里有光、做事自然大方，在班里有三五个知心好友的孩子。他每日按时交作业，作业中不会的题会留着第二天找同学讨论或者咨询老师，课堂上及时记笔记。家长反馈，小童经常与父母聊天，会给家长讲学校的事情，虽然偶尔会跟爸爸激烈争执，但事后都能反思并提出改进措施，家庭氛围和谐。小童的成绩也有明显进步，高一上学期期末考试获得了"进步突出奖"。

（二）辅导反思

小童的案例证明了赞美式教育在学生自信心培养中的重要作用。赞美不仅是一剂良药，能够治愈学生的自卑心理，更是教育工作中的一把钥匙，能够打开学生自我认知和提升的大门。因此我们应该充分认识到赞美的重要性并将其作为一种有效的教育手段加以运用。

苏霍姆林斯基认为，从学生进学校的第一天起，就要善于看到并不断发现他们身上好的东西。而赞美式教育应该是不断地认真观察，找到孩子的闪光点，及时肯定，让他觉得自己有很多独特而优秀的一面。得到了足够的认可、鼓励和关爱，他的内心感受到了温暖，就会有很强的存在感，能让自信心得到重塑。

爱因斯坦说："教育是引导一批学生在追求知识的路上，帮助他们发掘自己的才能，提高自己的思考能力和创造能力。"现在的小童，在大家眼里是一个随和、热心、追求进步、积极进取、班级荣誉感强的同学。学生一点一滴的进步，都是对我工作最大的回报。我希望学生能够永远保持那份纯真，能够不断地成长与进步。教育是人与人的交流，教育即生活，教育即做人。"经师易遇，人师难遇"，做一个会讲课的老师很容易，而成为学生的人生导师很难，但这就是我的努力方向。

一块糖纸惹的祸

孙治英

一、来访者基本情况

王某（化名），男孩，高中生，相貌英俊。高一下半学期学习成绩下滑得厉害，注意力不集中，不能完成老师留的作业。他的父母均是下岗职工，婚姻生活名存实亡。王某跟随母亲生活。班主任发现该生有异常后，把他带到学校心理健康教育中心寻求咨询。

二、来访者自述

我在 3 岁前由爷爷带大，在上幼儿园期间我很少给老师添麻烦，也不与小朋友们发生争执，学东西比同伴小朋友都要快，加上我长得漂亮且干净整洁，一直很受老师的喜爱。

上学后我的学习成绩一直优异，与老师和同学都没有什么矛盾，从小学到初中的成长过程较平稳。在老师、同学的心目中，我是一个天资聪颖、团结同学、成绩优异的好学生。老师、同学都夸我是一名聪明好学、对自己严格要求、遇事细致严肃、好胜心强、追求完美、做事井井有条的人。但我从小养成了胆小怕事，优柔寡断等性格。我的父母对我要求非常严格，教育我事事都要听从大人的教导，去做一件事就要做到最好，不允许犯一点错误。

经过老师的推荐，中考我以优异的成绩考入我校。高一上学期，我的学习成绩在全年级排 50 名，获得了学校颁发的奖学金。高一下学期，16 岁的我开始遗精了，这本是青春期的正常反应，但这个时候，由于家长忽视了青春期的早期教育，学校在学生青春期性教育方面讲得也不够深入，于是在没有做好任何思想准备的前提下，我的青春期来临了。由于是住宿生，我不知道该去问谁，也不好意思去问别人，片面地认为自己的思想很龌龊，出现了一天反复多次洗手的现象。

高二下学期，有位我暗恋的女同学给了我一块糖，我连糖带纸都吃进去了，但总怀疑糖纸上有细菌，会侵蚀我的肠胃，每天总想这个事情，明知不合理但不能摆脱，这使我感到非常痛苦。我跟父母说这个事情，父母以为我吓着了，找了一些不靠谱的办法给我“驱邪避灾”，自然毫无效果。高二下学期，我经常以写作业未带笔为由，借我暗恋的一个女生的笔，深夜在厕所里自慰。每次做过之后，我都感觉自己是一个心灵肮脏的人，犯下了不能饶恕的错误。我常常以幼儿期的思维方式去反复思考一些问题，内心充满了疑惑和恐惧，为了减少疑惑和恐惧，我便不停地思考以前做过的事情：做得对吗？不对怎么办？有了反复、持久的强迫观念和强迫动作。

上高中以来，父亲对我出现的问题偶尔过问，但态度粗暴，总是发火，继而又撒手不管，将其丢给母亲处理。母亲认为，教育就是多关心我的生活，回家后尽可能给我做好吃的，很少过问其他方面。由于学习成绩下滑得很快，班主任找我谈心，我跟班主任说明情况，班主任怀疑我有心理障碍，带我来心理健康教育中心面询。

三、辅导过程

（一）主要问题

该案例反映的是学生不适应青春期变化的现象。应该说，学生不适应青春期变化的现象是比较普遍的。青春期是人生中第二次生长高峰，是一个关键的转化时期，个体在生理和心理上都会从不成熟变为逐渐成熟。青春期最明显的变化是出现生长突增和第二性征的发育。根据性医学的研究，女孩加速生长的发生年龄是12.14±0.88岁，男孩则迟2年才出现，平均为14.06±0.96岁。每个人情况各不相同，发育有早有晚。无论是性早熟还是青春期延迟，都会使青少年产生各种社会心理问题。

在心理咨询中，青春期的性问题占有相当比例。青春期性激素分泌的增加对性行为的启动和追求起到了生物学里催化剂的作用。社会经济、文化教养对青少年性行为也有极大影响。

我给王某进行了《90项症状清单（SCL–90）》《抑郁自评量表（SDS）》《焦虑自评量表（SAS）》测量。

按照SCL–90的全国常模结果，总分超过160分，或阳性项目超过43项，或任意因子超过2分，可考虑选阳性，需进一步检查。王某F2（强迫）：3.31，F4（抑郁）：2.17，F5（焦虑）：2.08，F7（恐惧）：2.12，共有4个因子分在2分以上，已构成心理障碍。

抑郁自评量表测试，王某粗分为42分，标准分为58分，结果显示有轻度抑郁。

焦虑自评量表测试，王某标准分为52分，结果显示有轻度焦虑。

根据临床资料的收集，该求助者智力水平正常，思维逻辑正常，社会功能受损，自知力完好，有较明显的强迫观念和强迫动作。我对该求助者的诊断是严重心理问题。

求助者症状主要表现在以下几方面。

（1）学习成绩急剧下降：求助者中考以512分的成绩考入我校，开学初摸底测验总分在全年级排第50名，高三上学期期末考试总分在全年级排140多名，“一模”成绩为333分。

（2）强迫情绪：在高二下学期，求助者暗恋的女同学给了他一块糖，他连糖带纸都吃进去了，对这件事物感到担心或恶心，明知不对，却无力自拔。他总怀疑糖纸上有细菌，侵蚀他的肠胃。每天总想这个事情，明知是不合理的但不能摆脱。这种强迫情绪困扰了他半年之久。

（3）强迫回忆：求助者对经历过的事件，不由自主地在意识中反复回忆，虽自知无此必要，但无法自控。有时强迫回忆和强迫怀疑可同时出现，求助者在强迫回忆时怀疑自己回忆有错，又不得不从头想起，令其不安和痛苦加重；有时求助者表现为发呆，实际上是在想，若被打断或自认为“想得不对”，就得从头再想起，因怕人打扰而表现出烦躁、躲避人等退缩性表现。

（4）强迫行为：强迫行为往往是为减轻强迫观念引起的焦虑，求助者不由自主地采取的一些顺从性行为。比如，为了消除受到细菌或脏物污染的担心而反复多次地洗手、洗澡或洗衣服。求助者往往不信任自己，为了消除疑虑或穷思竭虑带来的焦虑，往往每天打十几次电话给母亲进行询问或要求母亲反复地、不厌其烦地予以解释或保证。

（二）家庭结构分析

王某父母均是下岗工人，父亲常年不回家，母亲给别人家当保姆维持生计，夫妻关系名存实亡，王某随母亲生活。父亲对王某出现的问题偶尔过问，但态度粗暴，总是发火，继而又撒手不管，将其丢给母亲处理。母亲认为，教育孩子就是多关心他的生活，回家后尽可能给他做好吃的，其他方面很少过问。

（三）设定目标

我给他制订了详尽的咨询目标，近期目标是缓解紧张和焦虑情绪，改变凡事追求完美的不良认知，改变不爱参加体育锻炼的生活习惯，提高睡眠质量，减少出现强迫观念和强迫动作的次数，增强带着症状去学习和生活的信心及适应能力。远期目标是克服极端自省、完善欲强的致病弱点，健全人格，最终矫治不良情绪，形成新的有效行为，使强迫症状消失，增强社会适应能力及抗挫折能力。

（四）行动方案

（1）与王某进行深入的面谈，了解出现强迫思维的症状的表现、频率、强度，以及对学习和生活的影响等。

（2）采用专业的心理评估工具，对王某的强迫性思维严重程度进行量化评估。

（3）走访班主任，进行家访，从班主任、家长那里了解更多关于来访者日常行为和情绪状态的信息。

（五）介入措施

（1）根据评估结果，为来访者制订个性化的辅导计划，明确辅导目标和干预措施。

（2）设定短期和长期的目标，例如短期内减少强迫行为的频率，长期内达到症状的显著改善或完全缓解。

（3）帮助来访者认识到强迫思维的症状是不合理的、过度的，以及这些症状是如何影响他的生活的。

（4）教授来访者应对强迫思维的技巧。如思维阻断、正念、冥想等。

（5）设计暴露与反应预防的练习，让来访者逐渐面对引发强迫行为的情景，而不进行强迫行为。

（6）教授来访者放松技巧，引导来访者在感到焦虑或者出现强迫冲动时，运用放松技巧来缓解紧张情绪。

（7）促进家校协同共育，与家长进行沟通，让他们了解孩子的强迫思维症状，提供家庭教育指导。鼓励家长给予学生理解、支持和积极的反馈，营造一个宽松、温暖的家庭环境。与老师合作，调整来访者的学习任务和要求，避免给来访者过多的压力。安排宿舍同学给予适当的支持和帮助，创造一个包容和友好的班级氛围。

（8）定期对来访者的症状进行评估，根据进展情况调整辅导计划。

四、辅导效果与反思

（一）辅导效果

经过近6个月心理咨询，我应用行为疗法中的体育锻炼法、肌肉渐进式放松训练，帮助求助者改善了精神健康状况和神经系统功能，缓解及控制了焦虑情绪，提高了睡眠质量。同时，我采用森田疗法（简化法），要求求助者面对症状首先承认现实，不强求改变，老老实实地接受症状；让其真正认识到对症状进行抵制、反抗或用任何手段回避、压制都是徒劳的，要对症状不加排斥和压抑，采取“有，就让它有去！”的态度，带着症状该干什么就干什么，尽可能做到听其自然，使求助者把成功的体验迁移到日常生活和与人交往的过程中，适应社会变化，恢复正常学习生活。

经过6个月的心理咨询，求助者心情好转，痛苦程度减轻，睡眠状况有所好转，焦虑情绪得到缓解，能够看书、学习，但学习效率低，强迫症状稍有缓解。又5个月后，求助者情绪较稳定，学习效率有所提高，睡眠状况基本正常，强迫症状减少，学习生活恢复正常，准备制订高考学习计划。最后，他高考取得了 487 分的好成绩，被北京的一所高等院校录取。

（二）辅导反思

处于青春期的少男少女与童年相比，在生理、心理方面有了很大变化，在生理方面，开始迅速长高长大，身体的内部组织与功能有很大发展；第二性征有了明显发展，性器官与功能逐渐成熟，在同龄异性面前常常会有不自然感觉，有时也会对异性产生较强的好奇与好感心理。由于生理、心理的发展变化，他们一方面为自己成为“大人”而兴奋不已，另一方面又为自己出现的各种变化而忧虑和苦闷。面对这一特殊时期，学生会产生许多心理不适应，若处理不好心理矛盾，排除不了心理烦恼，就会影响自身的身心健康发展，影响正常的学习和生活。

青少年正处在人生的转折点，生理上的巨大变化必然会在心理上引起相应的反应；心理上的矛盾又会在社会诸关系的相互作用下，经历起伏不定的激化、转化过程。因此青少年容易发生心理行为偏离。

一例考试焦虑的案例分析报告

孙治英

一、来访者基本情况

许某（化名），男，18岁，高中生，体态正常，无重大躯体疾病历史，家族中无精神疾病历史。许某为独生子，父亲为一家公司经理，母亲是教师，家庭和睦。

许某家境优越。在教育子女方面，其父母采取的是理解、民主的教养方式，但母亲比父亲要求要严格些。许某从小就养成了良好的生活与学习习惯，做事认真负责，遵规守纪。在学校，他尊敬师长，团结同学，与同学相处融洽。在家里，他孝敬父母，是懂事听话的好孩子。许某身体健康，很少生病。小学时，他学习勤奋刻苦，成绩优秀，是少先队中队长、大队长，被评为区“十佳少年”。初中时，他担任班长，成绩名列前茅，所有的老师都认为他能够考入二中（重点中学），而他中考失利，考入了我校。到了高中，由于怕影响学习，他主动辞去了班干部的职务，尽管他学习很刻苦，但是成绩始终处于中上等水平，对考试都能正确对待，紧张程度适度。高考前，他的第一次摸底考试成绩不理想，许某为此很着急，每天抓紧时间复习，但学习时注意力不能集中，学习效率有所下降，他担心高考时还会像中考一样考不好，偶尔失眠。在高三年级几次重大的模拟考试时，他心跳加速，手心出汗，头脑一片空白，无法正常答题，考试成绩自然不好。就这样，每当考试临近，许某就开始失眠，有些烦躁，考试时经常头脑一片空白，考试后不会做的题一般马上就能想出答案来。开学后的两次大型考试，许某的成绩都不好，都没有达到他平时在校的水平，第二次月考成绩比第一次还差。许某看到其他同学都有进步，很着急，为了尽快提高成绩，也为了追赶上其他同学，他给自己制订了详尽的学习计划，放弃了很多休息的时间。尽管他刻苦努力，但是学习时不能集中精力，效率不高，经常感到胸闷、心慌等。他常常担心成绩继续下降，自己考不上理想的大学。他还害怕高考时仍会出现这样的症状，以至于心理压力很大，经常失眠，有时甚至不想上学了。在班里，许某变得不爱说话，很少与同学交谈。同学们邀请他一起去打篮球，他都一一回绝。回到家里，他马上进入自己房间，在房间里学习时经常坐立不安，心烦意乱，有时会哭泣，也不愿与父母交流。在我校开展“运用团体辅导缓解考试焦虑”活动时，他主动报名参加，许某非常希望能早日消除这些想法和症状，全身心地投入学习中，并且在以后的考试中不再出现这些情况，能正常参加考试，考入理想的大学。

二、来访者自述

中考时我就和自己的很多初中同学差了一截，上高中时成绩不理想。我自己一直非常努力，想考上一所理想的大学，心理压力很大，担心今年高考成绩仍旧不理想，对不起父母的期望。所以我加倍努力，希望用每次成绩的进步证明自己。每次考试前，我就开始担心：“这次要还没考好怎么办？”结果考试时，面对试卷，我怎么也集中不了注意力，感觉突然什么都记不起来了，头脑一片空白，考试一结束，答案就想起来了。现在我特别害怕考试，一想到考试，我就呼吸加快、心跳加速，觉得全身的血液都在沸腾，静不下心来。我特别敏感，自习课同学翻书、写字的声音，都会干扰我。我的学习成绩还没有一点起色，要是考试再出现那些症状，下次考试肯定还会失利，那就太对不起父母了。我抓紧一切时间努力学习，但学习几乎没有效率，晚上睡觉后爱做梦，经常梦见考试答不出来题，或者人家都交卷了自己还没来得及写呢。我特别讨厌周围的同学，觉得人与人之间“太假”，都是互相利用，还要表面上亲近。我觉得朋友之间没有真正的感情。社会节奏越来越快，人与人的竞争日趋激烈，整个人类就是“弱肉强食”，跟动物没什么分别。跟同学交往，真心换不来真心，相反得到的是“轻视”“看不起”。同学中有“早恋”的现象，我也看不惯。

三、辅导过程

根据所收集的信息，经过几次沟通，我对本案做出了预估分析，列出了目前为止发现的主要问题等。

（一）主要问题

1. 目前的状态

精神状态：意识清楚，思维清晰，注意力不能集中，自控能力减弱，感觉烦躁，情绪低落。

身体状态：感到心慌、胸闷，去医院检查，各项生理指标未见异常。

社会功能：想学习却学习不下去，学习效率下降，不愿意与其他同学交往，不愿意与父母交流。

2. 心理测量结果

（1）《90 项症状清单（SCL-90）》测验结果：

总分 181 分，总均分：2.01 分，阳性项目数：51 项，躯体化：1.92 分，强迫症状：1.70 分，人际关系敏感：1.89 分；抑郁：2.77 分，焦虑：3.20 分，敌对：1.83 分，恐惧：1.14 分；偏执：1.67 分，精神病性：1.30 分。

（2）《抑郁自评量表（SDS）》测验结果：

总粗分 45 分，标准分 59 分，高出参考值 6 分。可判定为轻度抑郁。

（3）《焦虑自评量表（SAS）》测验结果：

总粗分 68 分，标准分 84 分，超过标准分 34 分，可判定为重度焦虑。

（二）家庭结构分析

许某父亲为一家公司经理，工作很忙，母亲是一名中学教师，家庭和睦，家境优越。在教育子女方面，其父母采取的是理解、民主的教养方式，但母亲比父亲对其要求要严格些，许某从小就养成了良好的生活与学习习惯，做事认真负责，遵规守纪，对自己严格要求，追求完美。自从上高中以来，许某学习很刻苦，与父母交流减少，几乎不与老同学来往了。第一次月考成绩不好，许某情绪很低落，家长也没有埋怨他，而是鼓励许某继续努力。但许某压力很大，特别是到了第二次月考时，他出现了饭量减少、睡眠不好、经常心神不宁、爱发脾气、不爱说话等症状。

（三）心理诊断

1. 对心理状态的评估与诊断

根据跟许某交谈，他与人交流，言语得当，思维清晰，语言表达清晰，能主动叙述自己的情况，情绪有些低落，但未见幻觉、妄想等症状。综合分析所获得的临床资料，该求助者智力水平正常，情绪低落，学习压力过大，整体心理健康水平较差。求助者的症状主要为紧张、烦躁、担忧，并有植物神经紊乱等症状，虽有压抑、退缩等抑郁表现，但它们不是主要症状，在强度上远不及焦虑症状，其问题为考试焦虑症。

2. 诊断依据

（1）根据病与非病三原则进行分析判断，求助者的问题不属于精神病。理由是，求助者的主观世界与客观世界是一致的，表现为出现的问题都有一定的诱因，对症状有很好的自知，并因内心冲突感到痛苦，主动要求解决问题。该求助者的认知、情感、意志三个方面的心理活动是协调统一的。其人格特征很稳定，并且没有表现出幻觉、妄想等精神病的症状。

（2）按神经症的诊断标准，该求助者表现出焦虑、烦躁、睡眠障碍等症状，生理上没有疾病。求助者的问题是近半年内发生的，反应强度较剧烈。该求助者学习效率和人际交往效率明显下降，自己觉得很痛苦，又摆脱不了，属于神经症。

3. 鉴别诊断

（1）与恐怖性神经症相鉴别：恐怖性神经症的主要表现是害怕与处境不相称，病人感到很痛苦，往往伴有显著的植物神经功能障碍、对所怕处境的回避，会直接造成社会功能受损害。该求助者虽然害怕参加考试，不想上学，但它并没有回避和直接造成社会功能的损害，因此可以排除恐怖性神经症。

（2）与抑郁症相鉴别：抑郁症主要表现为情绪低落、思维迟缓和运动抑制。病人大部分时间心情压抑、兴趣丧失、悲观失望，自我评价过低，有自杀企图和自杀行为。该求助者虽然表现出轻微的抑郁，但无这些典型症状，因此可以排除抑郁症。

（四）行动方案

1. 具体目标与近期目标

（1）掌握放松训练技巧。

（2）改善生理状态和心理状态。

（3）处理好最近与同学之间的小误会。

（4）准备好这次模拟考试。

2. 终极目标与长远目标

（1）提高自我意识水平，使求助者认识到自己在认识、情感、个性、技能等方面存在不足，提高其发现问题、解决问题的能力，并将之运用到生活的其他方面，促进其心理健康发展。

（2）塑造自己的性格，学会处理人际关系。

（3）增强自信心，学会处理应激事件并主动寻求挑战。

3. 咨询方案的制订

（1）主要咨询方法：认知行为疗法、系统脱敏法，运用生理相干与自主平衡系统进行放松训练。

（2）适用原理：求助者的主要问题是考试焦虑，针对这一情况，系统脱敏法比较适用。此外，求助者对处理与同学、教师的关系，感到困惑，过分追求“纯洁”，常有不自信表现，并为此懊恼。针对这些情况，需要与来访者探讨、辩论，要求来访者进行行为训练并完成实践作业。另外，求助者对待学习和考试存在不恰当的认知。因此，认知行为疗法较为适用。

4. 双方的权利、责任与义务

求助者的权利：

（1）有权利了解咨询师的受训背景和执业资格；

（2）有权利了解咨询的具体方法、过程和原理；

（3）有权利选择或更换合适的咨询师；

（4）有权利提出转介或中止咨询；

（5）对咨询方案的内容有知情权、协商权和选择权。

求助者的责任：

（1）向咨询师提供与心理问题有关的真实资料；

（2）积极主动地与咨询师一起探索解决问题的办法；

（3）完成双方商定的作业。

求助者的义务：

（1）遵守咨询机构的有关规定；

（2）遵守和执行商定好的咨询方案各方面的内容；

（3）尊重咨询师，遵守预约时间，如有特殊情况提前通知咨询师。

咨询师的权利：

（1）有权利了解与求助者心理问题有关的个人资料；

（2）有权利选择合适的求助者；

（3）本着对求助者负责的态度，有权利提出转介或中止咨询。

咨询师的责任：

（1）遵守职业道德，遵守国家有关法律法规；

（2）帮助求助者解决心理问题；

（3）严格遵守保密原则。

咨询师的义务：

（1）向求助者介绍自己的受训背景，出示营业执照和执业资格等相关证件；

（2）遵守咨询机构的有关规定，遵守国家法律法规，与求助者建立平等友好的咨询关系；

（3）遵守和执行商定好的咨询方案各方面的内容；

（4）尊重求助者，遵守预约时间，如有特殊情况提前告知求助者。

5. 时间、地点和测验项目

（1）咨询时间：每周 1 次，每次 50 分钟。

（2）咨询地点：学校心理健康中心咨询室。

（3）心理测验：《90 项症状清单（SCL–90）》《焦虑自评量表（SAS）》《抑郁自评量表（SDS）》。

6. 咨询过程

（1）诊断评估与咨询关系建立阶段：明确来访者主要问题，收集有关背景资料，对求助者的心理问题进行初步诊断，与求助者建立良好的咨询关系。

（2）心理帮助阶段：帮助解决求助者主要问题，消除考试焦虑；与求助者就生活中的具体问题及某些观念问题进行辩论，帮助求助者提高认识，学会处理方法，练习各种实践技巧。

（3）结束与巩固阶段：结束咨询关系，对这段时间相处做简明的总结，约定随访方式及时间等。

（五）介入措施

1. 第1次心理咨询

目的：

（1）了解求助者的基本情况。

（2）建立良好的咨询关系。

（3）确定主要问题。

（4）探询改变意愿。

（5）进行咨询分析。

（6）进行肌肉放松练习。

方法：会谈、心理测验、肌肉放松练习。

（1）填写咨询登记表，询问基本情况；介绍咨询中的有关事项与规则；许某做心理测验SCL-90、SDS、SAS；与许某和其母交谈，收集临床资料，了解许某的基本情况，并探询许某心理矛盾及改变意愿；将测验结果反馈给求助者，并做出初步问题分析；确定咨询目标；指导许某进行肌肉放松训练。

布置咨询作业：改变原来周详的学习计划，试着过一段时间的“无计划”学习生活。

（2）每天进行1到2次肌肉放松练习。

首次咨询，咨询师通过许某本人和家长沟通，了解许某的基本情况；与许某和家长初步建立良好的咨询关系，基本确定了许某面临的主要问题，一起进行咨询分析，知道了许某和家长都有改变目前问题的强烈意愿，完成了初诊接待任务，确定了咨询方向；教会许某肌肉放松的办法，使许某在出现紧张状态时，能够去想着肌肉放松，从而达到心理放松。

2. 第2次心理咨询

目的：

（1）加深咨询双方关系。

（2）针对许某焦虑问题的原因进行探讨。

（3）纠正许某的不合理认知。

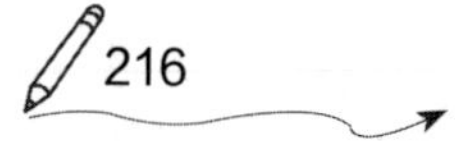

方法：会谈、认知行为疗法。

过程：

（1）反馈作业，基本上每天能进行适当的体育运动，每天不再严格按计划学习，完成肌肉放松训练情况不太好，不能保证每天都进行。

（2）帮助许某寻找焦虑的原因。

（3）帮助许某认识焦虑的两重性，正确进行自我评价。

（4）布置咨询作业：每天进行 1 到 2 次肌肉放松练习。

本次咨询加深了咨访关系，与求助者共同探讨问题产生的原因，帮助许某正确对待焦虑，能够坦然面对、适度期望、科学评价自己。

因再次月考，中断咨询一次。咨询师叮嘱许某要坚持肌肉放松训练和体育锻炼。

3. 第 3 次心理咨询

目的：建立焦虑事件等级，并开始实施系统脱敏。

方法：会谈、系统脱敏法。

过程：

（1）与许某商谈，建立考试焦虑等级。

（2）系统脱敏：通过想象唤起焦虑状态，评估焦虑水平，然后运用放松技术进入放松状态，再次评估焦虑水平，直至焦虑水平达到最低值。

（3）布置咨询作业：根据焦虑想象等级，做肌肉放松练习，每天进行 1 至 2 次。

求助者很配合咨询师，严格按照咨询师的要求进行放松训练。求助者要求下次咨询隔一周。

4. 第 4 次心理咨询

目的：

（1）探讨人际关系。

（2）针对许某生活中的具体人际交往问题进行辩论。

（3）针对许某对一些社会现象的看法进行辩论。

（4）进行不同呼吸方式训练。

（5）布置咨询作业：

①打球时，找一个不太恰当的机会，去“盖帽儿”。

②跟后座同学讨回他很久以前借出去的 5 元钱。

③根据焦虑想象等级，做肌肉放松练习，每天进行 1 至 2 次。

方法：会谈、放松训练、认知行为疗法。

过程：

（1）帮助许某明确人际交往中的问题，找出原因。

（2）对许某的家长提出要求，要求家长配合咨询师的工作。

（3）对许某进行各项相关训练。

本次咨询促进了咨访关系，许某自己感觉不像在看病，倒像是在跟亲人、好友做普通但又深刻的思想交流。许某对作业有不同看法，但坚信这样做肯定有道理，并决定去认真完成。

5. 第 5 次心理咨询

目的：

（1）探讨成功与失败。

（2）使其掌握一定的应考技巧与策略。

方法：会谈、放松训练。

过程：

（1）与许某探讨什么是成功与失败，如何面对成功与失败。

（2）共同探讨考试的技巧与应考策略。

（3）对许某进行冥想训练。

（4）布置咨询作业：

①根据焦虑想象等级，做肌肉放松练习，每天进行 1 至 2 次。

②每天进行一次冥想练习。

本次咨询，许某自己感觉豁然开朗，原来灰色的生活照进了阳光，变得生动多彩，对成败看得更开。他自己说“可以做到宠辱不惊”了。对于考试，他不再感觉困难，最近几次小考，成绩提高了。

6. 第 6 次心理咨询

目的：

（1）巩固总结。

（2）针对许某的自我设计及人生规划进行讨论。

（3）巩固各种训练。

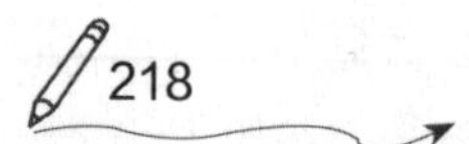

（4）布置咨询作业：

①找出自己最喜欢的放松方式，养成习惯。

②积极处理人际关系，主动交往。

③每天的计划要尽量简明，一般不要写成书面形式。

方法：会谈、放松训练。

过程：

（1）回顾许某第一次来咨询时的问题。

（2）讨论许某现在对这些问题的看法及处理方式。

（3）对许某进行各项相关训练。

（4）商定回访方式及时间。

通过咨访双方 6 次的咨询，咨询到此圆满结束。

四、辅导效果与反思

（一）辅导效果

1. 求助者自我评估及家人的反映

许某自己感觉长大了许多，对考试的担忧减轻了许多，学习效率很高，成绩正在逐步上升。其父母也非常满意，觉得许某情绪稳定，学习热情很高，像以前一样快乐了。

2. 咨询师的评估

咨询基本达到预期目标，随着整个咨询的不断深入，求助者的自信心增强，紧张焦虑症状逐渐减轻，人际关系也得到了明显改善，咨询过程较完整、有条理。

在以后的几次回访中，许某的成绩总体来说是逐步提高的，情绪正常，同学关系良好。后来，他高考发挥得不错，考上了北京工业大学土木工程系。

（二）辅导反思

在今后的心理咨询过程中，我要进一步深入了解被辅导者的个性特点和心理需求，以便更好地制订个性化的辅导方案。不同的人在面对考试焦虑时可能有不同的表现和需求，因此需要更加细致地分析和把握。

加强对被辅导者的心理韧性的培养。除了教授应对考试焦虑的方法外，我还应注重培养被辅导者的心理韧性，使其能够更好地应对各种压力和挑战。

要进行家校协同共育。我需要与家长和老师共同努力，为被辅导者创造一个良好的学习和生活环境。

持续关注被辅导者的情况，及时调整辅导方案。考试焦虑的辅导是一个长期的过程，需要持续关注被辅导者的情况，根据其实际情况及时调整辅导方案，以确保辅导效果的持续提升。

总之，考试焦虑辅导是一项复杂而艰巨的任务，需要我们不断地反思和改进，以更好地帮助被辅导者克服考试焦虑，提高学习和生活质量。

始于爱，让教育成就彼此

刘潇杨

一、来访者基本情况

我的班上有一位比较特别的女孩子——静静（化名）。静静 17 岁了，因为身体原因，在上一届高中休了学，今年来到学校重新开启她的高中生活。开学头两个月，她在班里一直是极度封闭的状态，情绪低落，头发总是遮在脸上。据静静妈妈说，静静有心理医院的诊断证明，孩子是重度抑郁。开学以来她动不动就把生死挂在嘴边，是一个在家长眼中无奈的存在，一个在自己内心中无比卑微的生命。在高一第一学期后半程的居家网课期间，静静的状态变得更加糟糕，特别是在她不擅长的理科课上，她从来不开摄像头，也不完成作业，几乎处于失联状态。我在和家长的电话沟通中听到的尽是无奈。

二、与来访者的沟通

静静第一次主动到办公室找我，是在高二年级第一学期的期中考试后，因为语文和英语成绩不错，静静那天和我多聊了几句，谈起了自己的感受："老师，我觉得很累，对什么都不感兴趣。我不喜欢我的父母，我爸很少回家，回家也是喝酒，我宁愿他永远不回来。我妈太唠叨了，每天回到家就是听她不停地催促，特烦人！我也不喜欢同学，他们好嘈杂，又很幼稚，我讨厌跟他们说话……我也不爱学习，特别是数理化，太难了，我有时候想学，但一点儿都看不懂，也学不进去，越是学不进去就越是焦虑，越是焦虑就越学不会，恶性循环了……我觉得自己很失败，生活太没意思了，活着也没啥意思……”

三、辅导过程

（一）主要问题

（1）对周围环境缺乏信任，拒绝与周围的同学、老师，甚至亲人沟通交流。

（2）自我否定，没有正确的自我认知。

（3）思维模式消极，畏惧学习和生活中的困难。

（二）家庭结构分析

静静的父亲长期工作在外，一家人聚少离多。静静对父亲极少的记忆大多和他偶尔回到家中酗酒后对母女冷暴力有关。疫情期间，静静开始和妈妈租住在一居室，母女二人长期共处一室。母亲不恰当的管教方式和母女间的无效沟通，导致孩子状态变得越来越差。

（三）设定目标

（1）建立安全感，提高静静与同学、老师及亲人间的沟通能力，减少社交焦虑。

（2）帮助静静认识自己的优势，逐渐建立起积极的自我形象。

（3）寻求帮助，分解学习任务，帮助静静重建对学习的信心和兴趣。

（四）行动方案

（1）通过鼓励孩子与人恰当交流，为孩子建立和谐人际关系奠定基础。

（2）抓住好的教育契机，引导孩子重构自我认知。

（3）带孩子一起寻求帮助，挑战自我，改变消极思维模式。

（4）积极鼓励她为班级服务，增强她的自我价值感。

（五）介入措施

1. 通过鼓励孩子与人恰当交流，为孩子建立和谐的人际关系奠定基础

或许是受家庭环境影响，或许是病情或性格所致，静静很少与人交流，

哪怕是一点点小事也不张口表达。高二的第二学期，开学初的一节班会课前，我发现教室前门上贴着一张便利贴，上面写着一行刺眼的骂人话，是在谴责不及时关门的人。我认出是静静的笔迹，便找她私下沟通，表示出对她此举的理解，理解她这样做是因为她坐在靠近门口的位置，课间同学们不及时关门，冷风阵阵，确实很不舒服。我提出给她换个位置，但她拒绝了。我又进一步和她解释同学们不及时关门绝不是有意伤害。她听懂了我的意思，这次默默地点了点头。我告诉她，以后再遇到类似的事，可以找同学说，也可以求助老师，不要再用这种方式了。就这样，每次看她出现情绪波动，我给予孩子最多的是感同身受的理解和温和的建议。我想让她在和我的交流中感受到来自老师的温暖、关怀，感受到被别人尊重，进而愿意尝试从封闭中走出来，逐渐接触更多的人。可喜的是，前不久的一个课间，静静拿出了3包软糖，分给了在场的老师和身边的同学们。那一次，我们班不吃零食的班规为她的变化破了一次例，这是我第一次看到孩子主动与大家交流，与身边的人分享快乐。

对静静的辅导过程让我深刻地感受到即便是重度抑郁的孩子也不是绝对封闭的，没有哪个孩子会始终拒绝外界的友善。即便是有着心理问题困惑的孩子，只要他们能真切感受到教育者的温暖，也可以接受并愿意配合老师的要求。

2. 抓住好的教育契机，引导孩子重构自我认知

有一次英语听力练习，需要填补表格中缺失的信息，我发现静静在很多格子中画了简笔画。这种独特的记录方式简单、有效，全班同学中记录较全信息的为数不多，但静静就是其中之一。我征得了她的同意，把她的记录方式分享给了全班同学。我的课堂关注和认可给静静带来了更多的信心，她也成了在英语课上眼里有光的孩子。

3. 带孩子一起寻求帮助，挑战自我，改变消极思维模式

静静对理科的学习很抵触，用她自己的话说就是害怕，怕到一拿出数理化的书就开始紧张焦虑，什么都做不下去。为了帮助她克服这个困难，高二的第一学期，我领着她找到我们班上的理科任课老师，建议老师们给她私人定制适合的学习方案。慢慢地，她不再谈“理”色变了，我甚至在各科老师那里得到了不少积极的反馈，夸她的化学笔记记得清晰，夸她的几次生物合格考摸底都顺利过了……也许因为在这个孩子身上花了不少心思，每每听到

老师们的这些肯定，我总是感到特别的欣慰。静静也渐渐积极起来，她会主动来找老师改错题，再问上一两个问题。功夫不负有心人，静静在合格考中所有科目一次顺利通过！这孩子的变化真让人高兴！

4. 积极鼓励学生为班级服务，增强她的自我价值感

为了建立静静的自信，我找一切机会让她在班里展示自己，发挥自己的特长。静静挺会画画，一个白色的小画本总是不离手。我知道这不仅仅是孩子的爱好，也是孩子的一种情绪表达和精神寄托。我把班上每天写课表的任务交给她，让她在黑板上最醒目的位置找到自己的存在感。从此，她每天都会在放学后认真地绘制这一列课表，我也能透过这扇小窗观察到孩子状态的一些变化：她设计精美的课表是状态好的体现，要是哪两天没有更新课表一定是因为情绪特别低落。这就提醒我这两天要多加关注孩子的状态，多跟她说上几句话，中午也一定去看看她吃得好不好。

四、辅导效果与反思

（一）辅导效果

在与静静的初期接触中，我所遇到的是她目光的躲闪和闭口不言。偶尔情绪状态稍好时，她会用点头、摇头的方式或是极其简练的言语回应我的关心。为了解她、帮助她，我找一切机会尝试着走进她的内心，尽可能每天都多找些机会跟她进行简单的沟通，哪怕是一两句话，目的是让孩子感受到我对她的持续关注，慢慢能够熟悉我，渐渐在心里和我有一些亲近感，进而愿意更多地跟我说说她自己的真实想法。和她接触多了之后，慢慢地我发现她真的有了些变化：和我说话明显多了起来，可以和周围人有一些目光交流了，头发也扎了起来。精神状态的好转也使她在高三第一学期期中考试中，语文和英语两科成绩都进入了班级前 5 名，被我列入了重点表扬的名单。在不断努力下，她的文理科合格考全部通过，这超出了她自己的预料，也让她感受到了自我超越的乐趣。

（二）辅导反思

静静给我的这个意外惊喜让我明白了：青春期的孩子哪个没有些困惑和

迷茫呢？其实，在我们成人眼里有些问题的孩子都可能有一把未被触及的心锁。作为教师，我们要做好那个开锁的匠人，关键就是要找准肯定和鼓励的契机，这样才能帮助他们打开心结，超越自我。

静静姑娘情况虽有些特殊，但无非是青春期孩子的一个缩影。这些孩子若满身才华，我就去真诚地欣赏和赞美；若充满困惑，想去诉说，我就去耐心地倾听和安慰；若迷惘，我就抓住契机加油打气。静静的例子让我深切地感到，积极寻找孩子们身上的闪光点并抓住契机来化解他们身上的“小不足”比单纯的说教更有效。

我从事教师工作以来，带过不同风格的班级，面对过各种性格的学生，我的体会是，师生间的爱是双向的。老师有爱，学生就有尊敬；有了师生的互爱，就会教学相长。这种互爱对于处于青春期的高中生而言尤为重要。解惑授业是教师职业所在，但当好老师还需要当好为学生打开心结的开锁人；当好他们的朋友，对搞好教育工作的意义同样是不可小觑的。

网瘾迷雾中的灯塔——师生携手照亮归途

曾素鹏

在这个信息爆炸的时代，网络如同一匹不羁的野马，既带给了我们驰骋的自由，也带来了跌宕的风险。它以迅雷不及掩耳之势，渗透进我们的生活，成为我们获取知识、沟通情感、享受娱乐的不二选择。然而，它也是一把锋利的双刃剑，在带来便捷的同时，让我们不得不面对它的潜在威胁。近几年学生经常使用手机和电脑上网课，让他们形成了过度依赖手机、依赖网络的学习习惯。更糟糕的是，部分同学在网课期间，以学习为借口用手机打游戏、看小说，沉溺网络无法自拔，导致返校复课后仍然戒不了网瘾，严重影响学习和身心发展，而父母一加管教，双方就会发生争吵，导致亲子关系失衡，引起冲突。

一、来访者基本情况

王明（化名），一个在网瘾迷雾中迷失方向的高中学生。新型冠状病毒感染时期过后，他的身影在虚拟世界与现实世界的交错中愈发模糊。他曾是成绩斐然的学子，如今却沉沦于网络游戏的海洋，成绩一落千丈，与家人、同学的关系日渐疏远。曾经的他，是家长口中的骄傲、老师眼中的希望，如今却成了一个拒绝沟通、沉迷游戏的少年。

二、来访者自述

现在高中生活节奏非常快，学习压力也非常大，如同一场没有硝烟的战争，让我在其中挣扎。初中，我曾以优异的成绩站在顶峰，现在却因高中课程的难度和家长老师的期望而倍感压力。考试成绩的不理想，让我感到失落、焦虑、沮丧，甚至无助。游戏，成了我逃避现实的避风港，那里有奖励、有成就感，更有“兄弟”陪伴，让我不再感到孤独。

三、辅导过程

（一）主要问题

1. 网络游戏成瘾

王明的问题属于典型的网络游戏成瘾，为网络成瘾的亚类，是不可抑制地、反复地、长时间玩网络游戏，沉迷其中，难以自拔，极度依赖网络游戏所带来的心理和生理上的快感，并可能造成个体身体、心理、社会功能明显受损的一种上网行为。

2. 家庭缺乏严格的监督管理

王明初中就喜欢打游戏、刷视频，当时有父母监督，尚有节制。但疫情期间的线上学习就如同一个导火索，长达半年左右的线上学习，使原本就喜欢网络游戏的他对网络产生了依赖性。在游戏里他的情感得到了寄托，众多“兄弟”的陪伴让他感觉不再孤独。后来，他沉迷手机的时间越来越长。渐渐地，他上课经常走神，课后做作业也不认真，经常敷衍了事。同时，他的睡眠质量也变得不好，精神状态不佳，脾气也变得急躁，学习状态和成绩也开始直线下降。虽然他意识到这样不对，但克制不了自己，同时缺乏家人的严厉监督，导致他一直无法摆脱网络游戏的诱惑。

（二）家庭结构分析

王明的父亲是一名律师，平时工作很忙，几乎不管孩子的学习，形式上存在，实质上缺位。他无法理解儿子为何会沉迷于虚幻的世界，每每提起学习和游戏，父子之间便会爆发激烈的争吵。母亲又比较溺爱孩子，发现他玩网络游戏后，也只是唠叨叮嘱，并没有采取其他管教措施，看到收效甚微，只在旁默默流泪。夫妻之间也很少就孩子的教育问题进行交流。曾经一家三口的欢乐时光，不知何时已消失不见，取而代之的是频繁的激烈冲突与漫长的无言沉默，两者交替上演，将这个家笼罩在一种难以言喻的氛围之中。

（三）设定目标

1. 心理辅导

学校委派专职心理教师为王明提供定期的心理辅导，帮助他认识到网络游戏成瘾的心理根源，以及如何通过积极的心理调适来克服成瘾。

2. 时间管理辅导

教授王明时间管理技巧，如使用时间管理工具、制订学习计划、合理安排游戏和学习的时间。

3. 兴趣拓展

鼓励王明发展其他兴趣和爱好，如体育运动、音乐、绘画等，以填充部分游戏时间，丰富他的课余生活。

4. 同伴支持

在班里建立一个由同学组成的支持小组，让王明与其他同学交流，分享克服网瘾的经验和策略。

5. 家庭参与

定期举行家庭会议，让家庭成员共同参与制订和执行克服网瘾的计划，增强家庭的凝聚力。

（四）行动方案

（1）通过与学生本人、家长、教师的交流，全面了解学生上网行为、时间、频率、场所等情况，以及由此带来的学习、生活、心理等方面的问题。

（2）运用专业的心理测评工具，如网络成瘾量表、焦虑量表、抑郁量表等，对学生的心理状态进行评估和诊断，确定网瘾的程度和相关心理问题。

（3）建立良好的咨询关系。以平等、尊重、理解的态度与学生进行沟通，建立良好的信任关系。让学生感受到教师的关心和支持，愿意主动配合辅导工作。

（4）认知干预。向学生讲解网络成瘾的概念、危害、成因等知识，让学

生对网瘾有一个清晰的认识。引导学生分析自己上网行为，找出导致网瘾的内在因素，帮助学生认识到这些因素对自己的不良影响。

（5）行为矫正。与王明一起制订个性化的上网计划，鼓励王明参加各种有益的文体活动，转移注意力、丰富课余生活，建立监督机制，与家长、老师保持密切联系，共同监督学生的上网行为和执行计划的情况，及时给予家长反馈并调整计划。

（五）介入措施

我为王明量身打造了个性化的学习计划，通过一次次的沟通，倾听他的心声、理解他的需求，并且建立了正面的激励机制，用奖励来肯定他的每一点进步。家长教育的介入，让王明的父母学会了如何更好地与孩子沟通，如何用爱与理解去引导他。我们定期评估王明的进展，并根据评估结果不断调整辅导计划，确保每一步都坚实而有效。

1. 制订个性化学习计划

根据王明的学习情况和兴趣，我和他进行了多次的交流沟通。一开始我并没有批评和谴责他，只是倾听与沟通。王明同学表示自己非常痛苦，知道成绩下滑得很厉害，也想戒掉游戏瘾，但是又控制不住自己，希望老师能够帮助他。针对此事，我和其班主任、任课教师共同讨论，探究原因，寻找对策，为他制订了个性化的学习计划，帮助他逐步提高学习效率和成绩。

2. 增强自我效能感

通过设定短期可达成的目标，让王明在实现目标的过程中增强自我效能感，从而提高自控力。

3. 建立正面激励机制

设计正面激励机制，以奖励王明在学习和克服网瘾方面的进步。看到老师和父母的尝试、努力，王明也逐渐表示愿意回家后将手机上交给父母保管，并签订了“手机使用三方协议书”，上面明确规定每周使用手机时长，做到后的奖励以及违反规定要接受的惩罚，我作为监督人。在接下来的一个月，每天我都会询问班主任王明同学的上课状态，询问任课教师王明同学是否去请教答疑了，随时督促他及时完成作业，并且每周与他的家长联系，告知孩子在学校的学习情况。

4. 家长教育

我为其家长提供了教育指导，帮助他们更好地理解孩子的需求，学习有效的沟通和管教技巧。我将王明同学的家长多次约到学校共同商定方案，王明的父亲也表示会暂时把工作搁下，多花些时间陪伴孩子，调整自己与孩子相处的方式，不再过分关注孩子的分数，而是更加关注孩子的内心世界，倾听他的声音，了解他的需求，努力营造一个平等、开放的沟通环境，让孩子敢于表达自己的想法和感受，让家庭充满爱与温暖。

5. 定期评估与调整

我会定期评估王明的进展情况，并根据评估结果调整辅导计划和介入措施，确保其有效性和适应性。

以上措施能够更全面地帮助王明克服网络游戏成瘾，促进他的全面发展，也能够为其他面临类似问题的学生提供参考和帮助。

四、辅导效果与反思

（一）辅导效果

一个多月的时间，见证了王明的蜕变。他不再是那个上课走神、作业敷衍的学生，而是一个能够按时完成作业、积极参与班级活动的阳光少年。他的学习成绩也在稳步提升，英语阅读能力测试的进步，更是让我们看到了他的潜力。我们的鼓励和表扬，让他重拾了自信。这也让我们深刻认识到，每个孩子都是一颗璀璨的星辰，只要我们用心去发现、去培养，他们的光彩必将照亮自己的未来。

（二）辅导反思

王明的故事是一段师生共同探索的旅程。我们发现了他沉迷网络的根源，也看到了他内心深处的渴望。在心理辅导的润泽下，王明开始认识到自己对网络游戏的依赖，并在专业老师指导下学习如何克服网络游戏成瘾。

他的转变，是学校教育理念的生动诠释——在知识的海洋中航行，需心灵的灯塔指引方向。它告诉我们，面对网络的诱惑与挑战，家庭、学校和社会需要携手并进。家长和教师及时沟通，了解学生在家庭和学校的表现、共同监督学生的上网行为，形成教育合力，有效地促进学生的改变，构建一个健康、和谐、积极向上的教育环境。同时，它也提醒我们，每个学生都是独一无二的，他们需要被理解、被尊重、被引导，以找到适合自己的成长路径。在这个过程中，每一个学生的成长与蜕变，都是学校最宝贵的财富和最辉煌的成就。